象棋规则实例解析

霍文会 丰鹤 / 主编
王云豹 / 主审

化学工业出版社

·北京·

图书在版编目（CIP）数据

象棋规则实例解析/霍文会，丰鹤主编.—北京：化学工业出版社，2020.1
ISBN 978-7-122-35434-1

Ⅰ.①象… Ⅱ.①霍… ②丰… Ⅲ.①中国象棋-竞赛规则 Ⅳ.①G891.24

中国版本图书馆CIP数据核字（2019）第234850号

责任编辑：史 懿　杨松淼　　　　　　装帧设计：李子姮
责任校对：王素芹

出版发行：化学工业出版社（北京市东城区青年湖南街13号　邮政编码100011）
印　　装：大厂聚鑫印刷有限责任公司
880mm×1230mm　1/32　印张12　2020年1月北京第1版第1次印刷

购书咨询：010-64518888　　　　　　售后服务：010-64518899
网　　址：http://www.cip.com.cn
凡购买本书，如有缺损质量问题，本书销售中心负责调换。

定　　价：68.00元　　　　　　　　　　　　　　　版权所有　违者必究

编写人员名单

主　　编　　霍文会　丰　鹤
副主编　　张胜利　王　静

编写人员

霍文会　丰　鹤　张胜利　王　静　张锦阳
郭保城　李大鹏　刘　惠　崔　燕　林　松
刘延波　尹洪斌　朱　清　陈建明　刘　刚
赵盛斌　杨光强

主　　审　　王云豹

前　言

当象棋步入竞技时代、信息时代的时候，用规则值守自由的空间，以裁决规范竞技，自然成为竞技者迫切的期愿。作为一名资深的国家级象棋裁判员，深感推广规则、解读规则的重要性。

本书重点是对象棋规则中的最疑难部分——棋例裁决，进行了深入的理论探索和实践总结。其中"捉的片段论""接续再走说""推演判断法""棋例裁决程序"等内容，均是我们多年来孜孜不倦学习棋例裁决的心得，并把它们总结上升为理论，作为学术研究与同行及棋友共同研讨与切磋。

辽宁省象棋协会筹备组组长、国家级象棋裁判丰鹤与我一同担任本书的主编，山东省象棋协会秘书长、国家级象棋裁判王云豹负责本书的主审工作，他们和我一同为本书的框架结构着力谋划，为各章节的编写制订大纲，从立意到标题，反复推敲，经历多次修改完善，为实际裁决中的疑难争议统一参考标准。

与此同时，还有多位国家级象棋裁判参与了本书的创作，在大家的共同努力下，我们提出了"捉的片段论""接续再走说"及"推演判断法"等创新性理论及推演方法，明晰了棋例裁决的程序，准确地总结了着法定性的特例，揭示了特殊子力的权限，介绍了《象棋竞赛规则2011》的最新特色，以期为基层裁判员、棋手和广大爱好者，提供学习和领会裁决判罚的标尺。

本书各位编写人员认真细致地对全国各级赛事及专业网站中出现的数千个待判局面进行梳理归类，对本书稿件的最终成型奠定了坚实的内容基础。借此机会，谨向本书的编写人员团队致以崇高的敬意，并向幕后奉献者表示衷心的感谢！也恳请广大读者对书中的不足之处进行指正，促进象棋裁判事业的进一步完善。

霍文会

2020年1月

目 录

第一章 捉的片段论

一、何为捉的片段 1
二、捉的片段组合方式 6
 1. 吃子属片段内着法 6
 2. 将军属片段内着法 8
 3. 应将属片段内着法 12
三、捉的片段结点 13
 1. 捉的片段中不含作杀 13
 2. 捉的片段中不含捉子 16
 3. 捉的片段中不含闲着 19

第二章 接续再走说

一、行棋方接续再走 23
 1. 杀之判断的接续再走 23
 2. 捉之判断的接续再走 28
 3. 似兑（献）实捉的接续再走 32
 4. 闲之判断的接续再走 38
 5. 威力互达子的接续再走 41
二、对方接续走棋 44
 1. 同兵种的兑由对方接续走棋 44
 2. 同兵种的献由对方接续走棋 48
 3. 捉之特例的对方走棋 51

第三章 推演判断法

一、客观存在原则 59

二、隔一步原则 ……………………………… 63

三、攻则严原则 ……………………………… 68

四、守则佳原则 ……………………………… 74

五、两不管原则 ……………………………… 79

第四章　棋例裁决程序

一、抓准裁决时机 …………………………… 82
  1. 何谓待判局面 …………………………… 82
  2. 吃准待判局面 …………………………… 84

二、逐着分析定性 …………………………… 99
  1. 逐着定性要统览全局 …………………… 99
  2. 逐着定性要去伪存真 …………………… 103
  3. 逐着定性要明察秋毫 …………………… 108
  4. 逐着定性要精通条例 …………………… 111
  5. 逐着定性要增长棋力 …………………… 114

三、综合归纳裁决 …………………………… 118
  1. 单方面长将 ……………………………… 118
  2. 双方均为允许着法 ……………………… 123
  3. 一方为禁止着法，另一方为允许着法 … 127
  4. 双方均为禁止着法 ……………………… 131

第五章　得子反为闲的特例

一、离线断根 ………………………………… 147
  1. 自己离线断根将军 ……………………… 147
  2. 自己离线断根应将 ……………………… 151

二、吃子结果相同 …………………………… 152

三、附带产生的捉士（仕）象（相） ……… 155

四、原来的捉 159
五、被接触的马（炮）有根 163
1. 被接触的马（炮）有根，车对其无捉 163
2. 被接触的马（炮）少根，车对其有捉 166

第六章　不得子却为捉的特例

一、做根子捉子 169
1. 得马（炮）丢马（炮） 170
2. 得马（炮）或仕（士）相（象）丢过河兵（卒） 174
3. 得过河兵（卒）丢马（炮） 176

二、被牵子捉子 178

三、产生新的捉 181
1. 吃子的棋子并未被交换掉 181
2. 攻击的主体变了 184
3. 增加了新的攻击子力 188
4. 被攻击的对象变了 192

第七章　论走子兼具多种作用

一、兑兼捉 195
1. 邀兑之子对其他子产生捉 195
2. 其他子对被邀兑之子产生捉 202
3. 其他子对其他子产生捉 211

二、兑兼杀 215

三、献兼捉 216
1. 同兵种的献兼捉 216
2. 不同兵种的献兼捉 219

四、献兼杀 223

第八章　谈兵卒

一、兵（卒）的八闲 ·· 225

1. 允许兵（卒）长捉 ·· 225
2. 兵（卒）借助外力捉子 ·· 227
3. 兵（卒）抽吃子 ·· 230
4. 互捉时兵（卒）捉子 ··· 233
5. 捉未过河的兵（卒） ··· 234
6. 立即吃掉刚过河的兵（卒） ····································· 235
7. 兵（或数兵）换取强子或弱子一子（或数子） ········· 240
8. 强子或弱子换一个或数个过河兵（卒） ···················· 244

二、兵（卒）的六捉 ·· 247

1. 走动兵（卒）后，其他子与兵（卒）同时产生捉 ··· 247
2. 走动兵（卒）后，其他子产生新的捉 ······················ 250
3. 兵（卒）吃子时，产生其他子将军 ·························· 253
4. 主动送兵（卒）将军换取车 ····································· 256
5. 走动其他子，借兵（卒）之力产生新的捉 ··············· 259
6. 子力交换中，兵（卒）参与吃子并造成得子 ··········· 263

三、兵（卒）的作杀 ·· 265

1. 兵（卒）同单车配合 ··· 265
2. 兵（卒）同其他子配合 ·· 267

四、兵（卒）的将军 ·· 270

第九章　说帅将

一、应将 ·· 273

1. 走动帅（将）应将而产生的杀 ································· 273
2. 走动帅（将）应将而产生的捉 ································· 276
3. 走动其他子应将后产生新的杀 ································· 278
4. 走动其他子应将后产生新的捉 ································· 281

二、自毙 ·· 284

三、帅（将）本身允许长捉 ·················· 288
四、帅（将）的四捉 ······················· 290
　1. 走动帅（将）后，与其他子配合同时产生捉 ······ 290
　2. 走动帅（将）后，其他子产生新的捉 ·········· 292
　3. 走动帅（将）后，其他子解除拴绑 ············ 295
　4. 走动帅（将）后，其他子从没捉到捉 ·········· 299
五、帅（将）的助杀 ······················· 303
　1. 控制肋道，配合其他子产生新的杀 ············ 303
　2. 控制中路，配合其他子产生新的杀 ············ 307
　3. 解除被抽吃状态，配合其他子产生新的杀 ······ 311

第十章　《象棋竞赛规则2011》棋例新特色

一、术语解释新特色 ······················· 314
　1. 重新为兑做了术语解释 ···················· 314
　2. 修改了献的术语解释 ······················ 326
二、棋例总纲的特色 ······················· 327
　1. 禁止着法分两种类型 ······················ 327
　2. 单方为禁止着法中性质较重的第一类性质 ······ 328
　3. 单方长捉车，对方联合提车 ················ 355
　4. 单方长捉无根子，对方联合捉无根子 ·········· 358
三、棋例通则的特色 ······················· 360
　1. 附带产生的捉士象 ························ 360
　2. 己方走子造成被捉状态 ···················· 361
　3. 过河兵（卒）的捉与闲 ···················· 364
四、棋例细则的特色 ······················· 367
　1. 相关子的净吃子 ·························· 367
　2. 配合捉子纳入了联合捉子 ·················· 370
　3. 两车相遇对方不能离线时 ·················· 372

第一章　捉的片段论

一、何为捉的片段

捉的片段是棋例裁决中关于对捉进行判定的一个界定方法，特指"完整的互吃交换过程"。它的着法是从吃子或将军开始，由将军、应将和吃子三种走棋性质进行无次序无间断的组合，从而形成的完整的互吃交换过程。

我们以棋例为判断依据，由定量分析上升到定性分析，实现"捉"与"闲"的精准判断，为棋例裁决提供更为直观的标准。

捉的片段的理论前提是捉与兑、献、拦、跟、闲皆存交集，并处于属性对立的地位。一旦把捉的性质厘清，再通过由此及彼的对应性判断，即可实现化繁为简的准确定性。特别是《象棋竞赛规则2011》（以下统称"11版规则"）提出了"禁止着法的性质要分出轻与重"，客观上要求对捉的判断必须具体化，这也是捉的片段论的目标指向。

捉的片段论作为象棋裁决中顺潮而起、应时而生的一种新理论、新方法，源于实践积淀并经研究而升华，是我们在几十年象棋裁判的实际工作中，不断研讨实战待判局面，广泛学习先进理念，不断拓展现代思维方式，深入探索裁决客观规律的基础上率先提出的。

有鉴于此，我们对捉的片段论进行探讨，并结合各式待判局面逐一阐述。

局例一

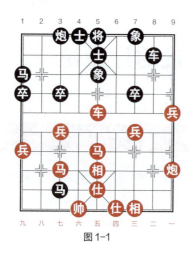

① 兵一平二（捉）
车8平9（捉）
② 兵二平一（捉）
车9平8（闲）

图1-1

如图1-1，红方兵一平二，伏从下一着起炮一进七，车8退1，车五进二，车8平9，车五平九的着法。从炮一进七起，至车五平九止，交替出现将军、应将及吃子三种形式，这就是捉的片段。红方在完整的捉的片段中牺牲一炮，换取对方一象一马，符合得子规定，判"捉"。

黑方车8平9，貌似走闲，平车盯牵红边炮后，暗伏马踏中相多吃一相的棋。对此，一些棋手提出质疑：倘若黑方马踏中相，则红方先走兵二平一攻车，待黑车避捉后，再从容飞相吃马，这样黑方用一马仅换一相，该不算捉吧！本例的盲点就在于提出质疑的人分不清捉的片段。该片段的着法只有马3退5一着棋。兵二平一捉车，并非是"捉的片段论"中的三种走棋性质，不能计算到该片段中。

红方兵二平一，造成红方一路炮捉黑车，判"捉"。

黑方车9平8，判"闲"。

本例红方长捉属禁止着法，黑方一捉一闲属允许着法，按现行的"11版规则"裁决：红方变着，不变作负。

局例二

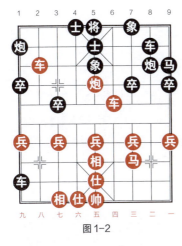

图1-2

① 车八进一（捉）
   炮1进1（闲）
② 车八退一（献）
   炮1退1（闲）

如图1-2，红方车八进一捉炮，判"捉"。

黑方炮1进1，判"闲"。

红方车八退一，判"捉"还是判"献"呢？

车八退一走子后，接续走车八平九，黑方炮8平1吃车，红方接走帅五平四，形成铁门栓绝杀。我们认为从车八平九到炮8平1，属于捉的片段。至于红方帅五平四作杀，并非是捉的片段中的三种走棋性质之一，不属于捉的片段。红方在片段内只是以一车换取一炮，得不偿失，因此，红方车八退一判"献"。

黑方炮1退1，判"闲"。

本例红方一捉一献，黑方两闲，双方均属允许着法，按现行的"11版规则"裁决：双方不变作和。

局例三

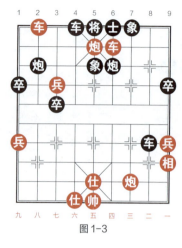

图 1-3

① 车八退一（闲）
车 4 进 1（捉）
② 车八进一（将）
车 4 退 1（兑）

如图 1-3，红方车八退一，判"闲"。

黑方车 4 进 1 献车，若红方接受献子，车八平六吃去黑车，会被黑方炮 2 进 7 将死，不符合"献"的术语解释，判"捉"。

红方车八进一，直接攻击黑将，判"将"。

黑方车 4 退 1，判"兑"还是判"捉"呢？判"捉"的棋友是这样计算的：车八平六，将 5 平 4，兵七平八，士 6 进 5，兵八进一，炮 6 平 2，黑方多吃一过河兵，不是"兑"，而应判"捉"。

我们认为至将 5 平 4，属于捉的片段。至于红方兵七平八解杀还捉，并非是"捉的片段论"中的三种走棋性质之一，不属于捉的片段。黑方在片段内并没有得子，符合"兑"的术语解释，判"兑"。

本例红方一闲一将，黑方一捉一兑，双方均属允许着法，按现行的"11 版规则"裁决：双方不变作和。

局例四

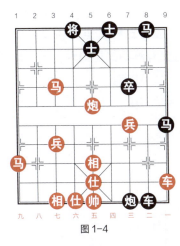

图1-4

① 车一平二（献）
　车8平9（捉）
② 车二平一（献）
　车9平8（捉）

如图1-4，红方车一平二献车，同兵种相遇由对方接续走棋，车8退1，马七进八，将4进1，炮五平九，盘面上出现马后炮绝杀。但捉的片段结点为将4进1。红方炮五平九并非是片段以内的三种走棋性质之一，红方在片段内并没有成杀，符合献的术语解释，判"献"。

黑方车8平9，伏炮7平4，仕五退四，炮4平6，吃掉红方双仕，判"捉"。

红方车二平一，判"献"。

黑方车9平8，与车8平9走棋性质相同，判"捉"。

本例红方长献属允许着法，黑方长捉属禁止着法，按现行的"11版规则"裁决：黑方变着，不变作负。

二、捉的片段组合方式

捉的片段由吃子、将军及应将三种走棋性质或其中两种走棋性质无次序交替组成。它具有鲜明的排他性，一旦出现三种性质以外的着法，即已宣布片段结束。

1. 吃子属片段内着法

局例一

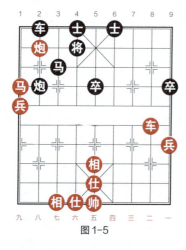
图1-5

① 炮八平七（闲）
  车2平3（捉）
② 炮七平八（闲）
  车3平2（闲）

如图1-5，红方炮八平七，判"闲"。

黑方车2平3捉炮，判"捉"。

红方炮七平八，判"闲"。

黑方车3平2，棋友甲认为马3进1，兵九进一，车2进1交换中多得一炮，判"捉"。

棋友乙则认为完整的互吃交换的片段未到达结点，只要连续不断，总要计算解拆下去。还有兵九平八吃炮（吃子属片段内着法），车2进2，车二平六，将4平5，车六进五，完整的互吃交换后黑方用一马一炮一士换取红方一马一炮一过河兵，双方得失相当，应判为"闲"。

我们赞同棋友乙的意见，因为兵九平八，车2进2，车二平六，将4平5，车六进五均属片段内着法。

本例红方两闲，黑方一捉一闲，双方均属允许着法，按现行的"11版规则"裁决：双方不变作和。

局例二

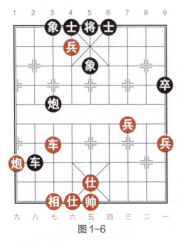

① 炮九进七（捉）
　车2退7（捉）
② 炮九退七（闲）
　车2进7（闲）

图1-6

如图1-6，选自山东邹宗明棋友提供的在该地区象棋比赛中出现的一则待判局面。

红方炮九进七，能够于下一着炮九平六得士，判"捉"。

黑方车2退7捉炮，判"捉"。

红方炮九退七，判"闲"。

黑方车2进7，实战时监局裁判将其裁决为"捉"，其理由是下一着能够炮3进5，车七退三，车2平1，多得一相。

但此时并非片段的结束,还漏掉了红方车七进九吃象(吃子属片段内着法)。如果把车七进九吃象这着棋也融入完整互吃过程中,双方的得失相当,因此,黑方车2进7,应当判"闲"。

本例双方都是一捉一闲,均属允许着法,按现行的"11版规则"裁决:双方不变作和。

2. 将军属片段内着法

局例一

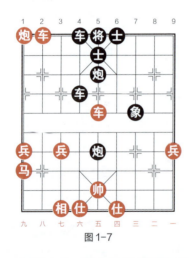

① 帅五平四(闲)
  车4平6(将)
② 帅四平五(闲)
  车6平4(捉)

图1-7

如图1-7,红方帅五平四,造成车五退二吃炮,倘若据此判捉就麻烦了。因为完整的互吃交换的过程并未结束,没有到达结点,还有车4平6将军(将军属片段内着法),车五平四,车6进3,红方只得弃还一车,得不偿失,因此该着法应判"闲"。

黑方车4平6,直接攻击红帅,判"将"。

红方帅四平五,动帅应将,判"闲"。

黑方车6平4捉仕，判"捉"。

本例红方两闲属允许着法，黑方一将一捉属禁止着法，按现行的"11版规则"裁决：黑方变着，不变作负。

局例二

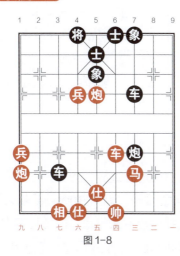

图1-8

① 炮九退一（捉）
　车3进1（捉）
② 炮九进一（杀）
　车3退1（闲）

如图1-8，红方炮九退一，伏下一着炮九平六，车3平4（士5进4，兵六进一，车3平4，兵六进一杀），仕五进六吃车，判"捉"。

黑方车3进1捉无根炮，判"捉"。

红方炮九进一，企图在下一着炮九平六将死黑方，判"杀"。

黑方车3退1，表面上是黑车吃红马；其实完整的互吃交换过程远未结束，需要有一算一，只要连续不断，总要计算解拆下去。还有炮九平六（将军属片段内着法），车7平4，仕五进六，逼黑方弃车砍炮，一车换一马一炮，得失相当，判"闲"。

本例红方一捉一杀属禁止着法，黑方一捉一闲属允许着法，按现行的"11版规则"裁决：红方变着，不变作负。

局例三

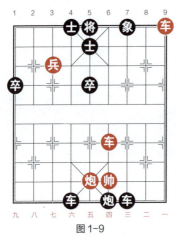

图1-9

① 车四平五（闲）
炮6平5（捉）
② 车五平四（杀）
炮5平6（捉）

如图1-9，红方车四平五，伏炮五进五，士5退6，炮五平三，士4进5，车一平三吃象得子，倘若据此判捉就大错而特错了。因为完整的互吃交换过程并未结束，黑方还有车7退1（将军属片段内着法），帅四进一，车4退2，车五退一，车7退1，帅四退一，车4平5吃红车，红方得不偿失，因此该着法应判"闲"。

黑方炮6平5捉车，判"捉"。

红方车五平四，企图在下一着车四进六将死黑方，判"杀"。

黑方炮5平6捉车，判"捉"。

本例红方一闲一杀属允许着法，黑方长捉车属禁止着法，按现行的"11版规则"裁决：黑方变着，不变作负。

局例四

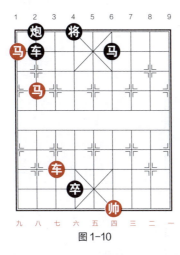

图 1-10

① 帅四平五（杀）
车 2 平 5（将）
② 帅五平四（闲）
车 5 平 2（闲）

如图 1-10，红方帅四平五，企图下一着车七平六，车 2 平 4，马九退七将死黑方，判"杀"。

黑方车 2 平 5，直接攻击红帅，判"将"。

红方帅五平四，动帅应将，判"闲"。

黑方车 5 平 2，棋友甲认为黑方伏炮 2 进 3，马九退八，车 2 进 2 用一炮换双马，符合得子规定，判"捉"。棋友乙则认为由于黑马失根，完整的互吃交换的片段未到达结点，红方又发起攻势，车七进七（将军属片段内着法），将 4 进 1，车七退一，将 4 退 1，车七平四，双方得失相当，因此该着法应判"闲"。

我们赞同棋友乙的观点。

本例红方一杀一闲，黑方一将一闲，双方均属允许着法，按现行的"11 版规则"裁决：双方不变作和。

3. 应将属片段内着法

局例

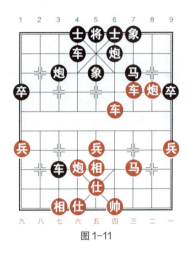

① 车四平五（捉）
  炮6平5（捉）
② 车五平四（捉）
  炮5平6（将）

图1-11

如图1-11，红方车四平五捉象，判"捉"。

黑方炮6平5捉车，判"捉"。

红方车五平四，伏车三进一，炮5平6，车四平五，炮3平7，车五进二，士4进5，车五平三，用一车换马炮象，符合得子规定，判"捉"。但有的棋友认为红方吃马以后，再下一着才能够吃象，不是连续手段，应判"闲"。其实完整的交换过程没有断开，片段中应当包括车四平五应将并捉象这着棋，判"捉"正确。

黑方炮5平6，直接攻击红帅，判"将"。

红方一捉无根子一联合捉子属禁止着法中第二类性质，黑方一捉车一将属禁止着法中第一类性质，按现行的"11版规则"裁决：黑方变着，不变作负。

三、捉的片段结点

对实战中出现的待判局面进行棋例裁决时,有时也会发生片段还没有到达结点就提前对某一着棋定性的误判。裁判界泰斗刘国斌先生曾提到:完整的互吃交换的过程中需要有一算一,只要连续不断,总要计算解拆下去。

为了使捉的片段终止界限更清晰,我们往往把片段中又见的杀、捉、闲,作为捉的片段终止界限。

1. 捉的片段中不含作杀

在捉的片段中,不含作杀。一旦某方出现了杀着,即使是绝杀,说明该片段已于作杀之前的一着结束。

局例一

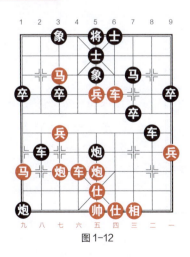

① 帅五平六(闲)
  炮5平4(将)
② 帅六平五(闲)
  炮4平5(闲)

图1-12

如图1-12,选自1982年1月在广州举办的第二届"五羊杯"全国象棋冠军赛,柳大华与胡荣华激战20个回合后形成的待判局面。

红方帅五平六,判"闲"。

黑方炮5平4,直接攻击红帅,判"将"。

红方帅六平五,动帅应将,判"闲"。

黑方炮4平5,其走棋性质如何裁定是本例的难点。炮4平5走子后,从下一着起可以车2进3,车六退二,车8平4,黑方走完最后一着车8平4后,形成了绝杀。然而完整互吃的片段只能由吃子、将军、应将这三类走棋性质着法组成,片段中不含作杀。黑方最后一着车8平4作杀,说明该片段已于黑车作杀前结束,黑方在片段结束时无收获,判"闲"。

本例红方两闲,黑方一将一闲,双方均为允许着法,按现行的"11版规则"裁决:双方不变作和。

局例二

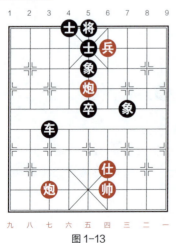

图1-13

① 仕四退五(杀)
　车3平6(将)
② 仕五进四(闲)
　车6平3(捉)

如图1-13,红方仕四退五,企图在下一着兵四进一将死黑方，判"杀"。

黑方车3平6直接攻击黑将，判"将"。

红方仕五进四，应将后虽然也有杀，但黑方属于"自毙"，判"闲"。

黑方车6平3，尽管能够进车吃炮，然红方落仕后，形成铁门栓绝杀。

于是棋友们形成两种观点，判捉判闲众说不一。那么究竟判"捉"还是判"闲"呢？黑方车6平3，预计下一着车3进3，仕四退五，走至片段结点，红方并没有立即把黑方将死，是隔一步的杀，所以车6平3应当判"捉"。

本例红方一杀一闲属允许着法，黑方一将一捉属禁止着法，按现行的"11版规则"裁决：黑方变着，不变作负。

局例三

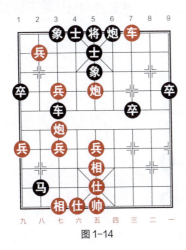

① 帅五平四（杀）
车3平6（将）
② 帅四平五（闲）
车6平3（捉）

图1-14

如图1-14，红方帅五平四，企图在下一着车三平四吃炮，以铁门栓将死黑方，判"杀"。

黑方车3平6，直接攻击红帅，判"将"。

红方帅四平五，动帅应将，判"闲"。

黑方车6平3，其走棋性质的判定令人疑惑不决。从弈战者的角度看，尽管车6平3对过河兵有捉，但黑方并不敢贸然用车吃兵。否则红方炮七进五弃炮打象将军，再出帅形成绝杀。然而，从裁判员以规判例的角度看，红方最后出帅这着棋是作杀，片段中不含作杀，说明该片段已于作杀前结束，黑方在片段结束时收获一过河兵，判"捉"。

本例红方一杀一闲属允许着法，黑方一将一捉属禁止着法，按现行的"11版规则"裁决：黑方变着，不变作负。

2. 捉的片段中不含捉子

在捉的片段中，也不应含有捉子。一旦出现了捉子的着法，即使是一箭双雕或一石三鸟，说明该片段已于捉子的前一着结束。

局例一

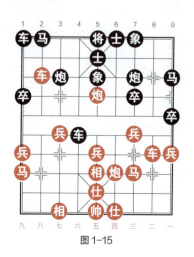

图1-15

① 车八进一（闲）

炮7退1（捉）

② 车八退一（闲）

炮7进1（捉）

如图 1-15，红方车八进一，判"闲"。

黑方炮 7 退 1 捉车，判"捉"。

红方车八退一，判"闲"。

黑方炮 7 进 1，从表面上看下一着若炮 3 进 7 吃相，则红车八退七捉死黑炮，黑方得不偿失。即便如此，我们依然认为黑方炮 7 进 1，应判"捉"。其理由是从下一着起仍能炮 3 进 7 吃相，倘若红方车八退七捉炮，因为片段中不含捉子，红方出现了捉子的着法，说明该片段已于它的前一着结束。

本例红方两闲属允许着法，黑方长捉属禁止着法，按现行的"11 版规则"裁决：黑方变着，不变作负。

局例二

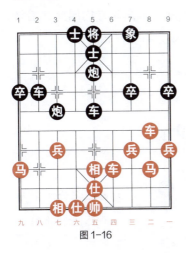

图 1-16

① 帅五平四（闲）
　炮 5 平 6（将）
② 帅四平五（闲）
　炮 6 平 5（闲）

如图 1-16，选自广州邓焕洪提供的其两位友人弈战中出现的待判局面。

红方帅五平四，判"闲"。

黑方炮 5 平 6，直接攻击红帅，判"将"。

红方帅四平五，动帅应将，判"闲"。

黑方炮6平5，究竟是捉还是闲？

让我们用捉的片段论来剖析一下。黑方炮6平5后有两种变化：其一，炮3进5，相五退七，车5平6，车四平五，车2平6，黑方最后一着走出了车2平6作杀的棋，因片段中不含杀着，说明该片段已于车2平6前断开。黑方在该片段中只是以炮换相，得不偿失，应判"闲"。

其二，炮3进5，相五退七，车5平6，帅五平四，炮5平6，黑方最后一着棋炮5平6后，尽管已捉住了红方的肋车，但因片段中也不含捉子，所以该片段也于炮5平6的前一着红方帅五平四结束。黑方在该片段中仍然是以炮换相，构不成得子，判"闲"。

本例红方两闲，黑方一将一闲，双方均属允许着法，按现行的"11版规则"裁决：双方不变作和。

局例三

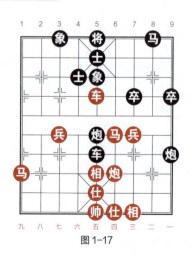

① 帅五平六（闲）
　车5平4（将）
② 帅六平五（闲）
　车4平5（闲）

图1-17

如图 1-17，选自 2010 年全国体育大会象棋赛，专业男子组第 6 轮吕钦与赵国荣于 5 月 21 日弈战时形成的待判局面。

红方帅五平六，判"闲"。

黑方车 5 平 4，直接攻击红帅，判"将"。

红方帅六平五，动帅应将，判"闲"。

黑方车 4 平 5 的走棋性质，引发争论。

棋友甲认为：预计下一着炮 5 进 2，相三进五，车 5 进 1，用中炮换取双相后，左有沉底炮作"闷宫"杀，右能平车吃红边马，红方边马必丢，因此车 4 平 5 是"捉"。

棋友乙却认为：这个完整的互吃片段至一炮换双相后，已经结束。因为片段中不含杀着与捉着，本片段中黑方只是用一个强子换取了两个弱子，因此车 4 平 5，判"闲"。

棋友乙的观点，我们更为认同。

本例红方两闲，黑方一将一闲，双方均属允许着法，按现行的"11 版规则"裁决：双方不变作和。

3. 捉的片段中不含闲着

捉的片段中不含闲着。一旦出现了闲着，说明该片段已经于走闲之前结束。

局例一

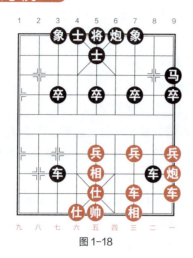

图 1-18

① 车三平二（兑）
车 8 平 7（闲）
② 车二平三（兑）
车 7 平 8（闲）

如图 1-18，红方车三平二是兑吗？

有些人对此表示怀疑。他们是这样判断的：如果是兑，下一着由黑方走棋，车 8 进 1，炮一平七，象 3 进 5，车一平二，兑子后黑方多损一车，因此得出结论红方车三平二不是兑，而是捉。

而细心人会发现象 3 进 5 避杀是闲，因片段中不含闲着，说明捉的片段已于走闲前结束，双方交换的结果为各得一车，符合兑的术语解释，判"兑"。

黑方车 8 平 7，判"闲"。

红方车二平三，与车三平二走棋性质相同，判"兑"。

黑方车 7 平 8，判"闲"。

本例红方长兑，黑方两闲，双方均属允许着法，按现行的"11 版规则"裁决：双方不变作和。

局例二

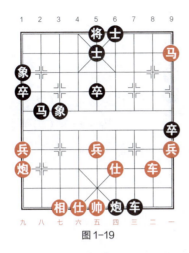

① 车二平三（兑）
　车7平8（闲）
② 车三平二（兑）
　车8平7（闲）

图1-19

如图1-19，选自2010年北京市象棋裁判员培训班考试试题。

棋友甲认为红方车二平三符合《棋例通则》第26.10款之规定，同兵种邀兑，被邀兑方兑子后立即在子力价值上遭受损失，是捉。棋友乙反驳道，红方车二平三，黑方兑子后并没有立即在子力价值上遭受损失，试演如下：车二平三，车7退2，炮九平三，士5进6。值得强调的是，黑方最后一着士5进6已经在走闲，是片段以外的着法。片段以内双方互换一车。因此，红方车二平三，判"兑"。

我们同意棋友乙的观点。

黑方车7平8，走子前后均能抽吃红仕，吃仕的结果没有发生变化，判"闲"。

红方车三平二，与车二平三走棋性质相同，判"兑"。

黑方车8平7，判"闲"。

本例红方长兑，黑方两闲，双方均属允许着法，按现行的"11版规则"裁决：双方不变作和。

局例三

① 炮二进一（兑）
马7退8（闲）
② 炮二退一（捉）
马8进7（闲）

图1-20

如图1-20，红方炮二进一，邀兑黑方中炮，凡属兑在推算下一着时，就要换位思考，由对方走棋，即下一着炮5平8，车二进七，得失相当，判"兑"。这个交换片段只走了一个回合就停了下来。棋友甲对此不以为然，认为红方车二进七后一箭双雕，无论黑方如何应，必丢一子，这样红方就构成了得子。棋友乙认为此例的盲点就是棋友甲分不清交换的片段。该片段只有炮5平8，车二进七两着棋。若黑方接走马7退5避捉，属于闲着，那已是片段结束后的着法，不予考虑。

黑方马7退8，判"闲"。

红方炮二退一，伏下一着炮二平五，士4进5，车二进九吃马，判"捉"。

黑方马8进7，判"闲"。

本例红方一兑一捉，黑方两闲，双方均属允许着法，按现行的"11版规则"裁决：双方不变作和。

第二章 接续再走说

"接续再走说"是关于选择起始点的学术探讨。推演是揭示棋着意图、认定棋着性质的基本手段。在推演的具体过程中,选择起始点决定推演方向,推演方向决定推演进程,推演进程决定推演结论,推演结论决定裁决结果。因此,选择起始点即是判断的基础,更是定性的关键。

一、行棋方接续再走

裁判在对待判局面中的每着棋推演定性时与棋手弈战不同,不是由对方接续走棋,而是由行棋方接续再走(特例除外)。

1. 杀之判断的接续再走

我们来温习一下杀的术语解释:凡走子企图在下一着将军或连续将军以将死对方者,称"杀"。

在杀的术语解释中已经明确了行棋方接续再走。因此在裁决待判局面中的某一着棋的走棋性质是否为杀时,推算中务必让行棋方接续再走。

局例一

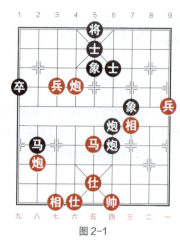

① 帅四平五（闲）
　后炮平5（杀）
② 帅五平四（闲）
　炮5平6（将）

图2-1

如图2-1，选自1992年10月在北京中国棋院举办的"棋王杯"全国象棋个人赛，第6轮李艾东与徐天红弈战形成的待判局面。

红方帅四平五，动帅应将，判"闲"。

黑方后炮平5，我们重点研究它的推演过程，企图下一着马2进4挂角将军，逼红方出帅后，再炮5平6重炮将死红方，判"杀"。在推算黑方后炮平5为杀的过程中，就是由黑方接续再走马2进4。

红方帅五平四，判"闲"。

黑方炮5平6，直接攻击红帅，判"将"。

本例红方两闲属允许着法，黑方一杀一将属禁止着法，按现行的"11版规则"裁决：黑方变着，不变作负。

局例二

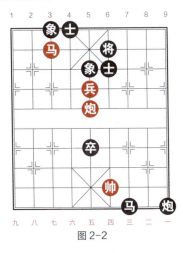

① 炮五平四（将）
　将6平5（闲）
② 炮四平五（杀）
　将5平6（闲）

图2-2

如图2-2，红方炮五平四，直接攻击黑将，判"将"。

黑方将6平5，动将应将，判"闲"。

红方炮四平五，由红方接续再走马七退六，将5退1（将5平6，炮五平四，士6退5，兵五平四，士5进6，兵四进一杀），兵五进一，士4进5（将5平6，炮五平四，士6退5，马六进四杀），兵五进一，将5平6（将5平4，炮五平六杀），炮五平四，士6退5，马六进四，将死黑方，判"杀"。

黑方将5平6，判"闲"。

本例红方一将一杀属禁止着法，黑方两闲属允许着法，按现行的"11版规则"裁决：红方变着，不变作负。

局例三

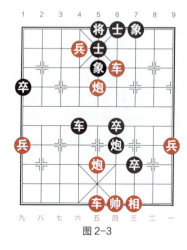

① 前炮平四（兑）
　卒 6 平 5（杀）
② 炮四平五（捉）
　卒 5 平 6（杀）

图 2-3

如图 2-3，选自 2003 年辽宁省象棋一级裁判员培训班考试试题。

红方前炮平四，同兵种邀兑，黑方兑子后，不致立即被将死或立即在子力价值上遭受损失，符合兑的术语解释，判"兑"。

黑方卒 6 平 5，推演过程由行棋方接续再走：卒 7 平 6，将死红方，判"杀"。

红方炮四平五，造成红车（其他子）捉炮，判"捉"。

黑方卒 5 平 6，其走棋性质与卒 6 平 5 相同，判"杀"。

本例红方一兑一捉属允许着法，黑方长杀属禁止着法，按现行的"11 版规则"裁决：黑方变着，不变作负。

局例四

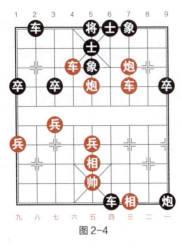

① 车六平八（兑）
车２平４（杀）
② 车八平六（兑）
车４平２（杀）

图 2-4

如图 2-4，选自 2012 年"弈天"网上象棋赛，棋友济公与何足道弈战形成的一则待判局面。

红方车六平八，同兵种邀兑，黑方兑子后，不致立即被将死或立即在子力价值上遭受损失，符合兑的术语解释，判"兑"。

黑方车２平４，推演过程由行棋方接续再走：车６平５，帅五平四，车４进８，帅四进一，车５平６将死红方，判"杀"。

红方车八平六，其走棋性质与车六平八相同，判"兑"。

黑方车４平２，推算中也是让行棋方接续再走：车６平５，帅五平六，车２进８，帅六进一，车５平４将死红方，判"杀"。

本例红方长兑属允许着法，黑方长杀属禁止着法，按现行的"11 版规则"裁决：黑方变着，不变作负。

2. 捉之判断的接续再走

我们再来温习一下"捉"的术语解释：凡走子后，所走动子能直接吃子或造成其他子能吃子，或与其他子联合吃子，或从下一着开始运用连续"将军"得子、抽吃子，或通过完整互吃交换后吃掉对方子且得子，上述得子后不致立即（下一着不予考虑）被对方将死的，称为"捉"。

在捉的术语解释中也已经明确行棋方接续再走。因此在裁决待判局面中的某一着棋的走棋性质是否为捉，推算时也让行棋方接续再走（特例除外）。

局例一

① 车二平四（捉）
后炮平6（捉）
② 后车平二（闲）
炮6平8（捉）

图 2-5

如图 2-5，红方车二平四，能够于下一着吃士，判"捉"。黑方后炮平 6 的走棋性质如何裁决，双方发生了争执。

黑方认为后炮平 6 判闲，因为黑方走子后，红方可以前车进四吃炮，再车四进七吃马，用一车换取一炮一马，子力价值相当,谁也不吃亏。

红方则认为后炮平6是捉,因为在推算黑方后炮平6的走棋性质时,应该让黑方接续再走,即炮6进7吃车,车四退三吃炮,这样黑方以子力价值较低的黑炮换取对方子力价值较高的红车,构成了得子。

我们赞同红方的意见。

红方后车平二,判"闲"。

黑方炮6平8捉车,判"捉"。

本例红方一捉一闲属允许着法,黑方长捉属禁止着法,按现行的"11版规则"裁决:黑方变着,不变作负。

局例二

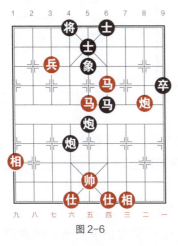

① 帅五平六(捉)
　　炮5平4(将)
② 帅六平五(闲)
　　后炮平5(捉)

图2-6

如图2-6,红方帅五平六,推算中让行棋方接续再走,预计炮二进四,象5退7,马四进五,炮5退4,马五退六,交换后红方多得中士,判"捉"。

黑方炮5平4,直接攻击红帅,判"将"。

红方帅六平五,动帅应将,判"闲"。

黑方后炮平5,由行棋方接续再走,预计炮4平5,帅五平四,马6进7,帅四进一,前炮退2,黑方得马,判"捉"。

本例红方一捉一闲属允许着法,黑方一将一捉属禁止着法,按现行的"11版规则"裁决:黑方变着,不变作负。

局例三

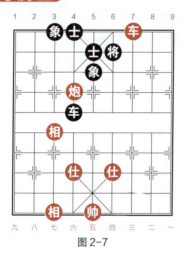

① 炮六平八(闲)
车4平2(捉)
② 炮八平六(捉)
车2平4(捉)

图2-7

如图2-7,选自第9届全国象棋一级棋士赛,第9轮赵金成与董子仲弈战形成的一则待判局面。

红方炮六平八,判"闲"。

黑方车4平2捉炮,判"捉"。

红方炮八平六,推算中让行棋方接续再走,炮六进二,士5进6,车三平六得士,判"捉"。

黑方车2平4,下一着接续再走车4退1吃炮,判"捉"。

本例红方一闲一捉属允许着法,黑方长捉属禁止着法,按现行的"11版规则"裁决:黑方变着,不变作负。

局例四

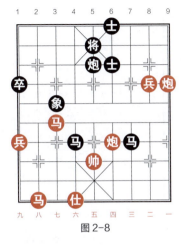
图2-8

① 炮一进一（捉）
炮5进1（捉）
② 炮一退一（捉）
炮5退1（捉）

第二章 接续再走说

如图2-8，红方炮一进一，造成同兵种两炮相遇，但因黑炮遭拴不能离线，不是同兵种的献，不符合"献"的术语解释。所以仍由红方接续再走：炮一平五，象3退5，马七进六，将5平4，马六进四得士，为联合捉子，判"捉"。

黑方炮5进1，退马能够抽吃子且得子，为联合捉子，判"捉"。

红方炮一退一捉无根炮，判"捉"。

黑方炮5退1与炮5进1性质相同，也为联合捉子，判"捉"。

本例红方一联合捉子一捉无根子，黑方长联合捉子，双方均属禁止着法中第二类性质，按现行的"11版规则"裁决：双方不变作和。

局例五

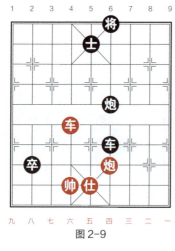

① 车六退一（捉）
车6退1（兑）
② 车六进一（捉）
车6进1（兑）

图2-9

如图2-9，红方车六进一与车六退一，同兵种相遇，黑车遭拴不能离线，对方不能离线时，由行棋方接续走棋，车六平四吃车，判"捉"。

黑方车6退1与车6进1步步避捉，因红炮有根，且红炮可以吃去黑炮，符合"兑"的术语解释，均判"兑"。

本例红方长捉属禁止着法，黑方长兑属允许着法，按现行的"11版规则"裁决：红方变着，不变作负。

3. 似兑（献）实捉的接续再走

同兵种邀兑，被邀兑（献）方接受兑（献）子后被杀，即似兑（献）实捉时由行棋方接续再走。

局例一

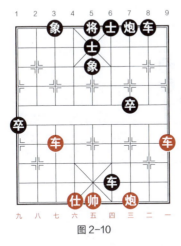

① 车一平二（捉）
车8平9（闲）
② 车二平一（捉）
车9平8（闲）

图2-10

第二章 接续再走说

如图2-10，选自2010年北京市象棋一级裁判员培训班，刘国斌先生讲稿中一则待判局面。

红方车一平二，表面是邀兑，但黑方一旦吃去此子后，会立即被红方炮三进九，象5退7，车七进六将死，不符合"兑"的术语解释。同兵种邀兑，被邀兑方兑子后被杀时，由行棋方接续再走，即红车吃去黑车，判"捉"。

黑方车8平9，判"闲"。

红方车二平一，其走棋性质与车一平二相同，判"捉"。

黑方车9平8，判"闲"。

本例红方长捉属禁止着法，黑方两闲属允许着法，按现行的"11版规则"裁决：红方变着，不变作负。

局例二

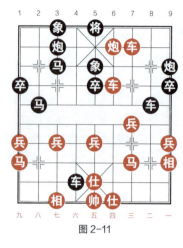

① 车三进一（将）
将 5 进 1（闲）
② 车三退一（捉）
将 5 退 1（捉）

图 2-11

如图 2-11，选自 2010 年全国象棋锦标赛，男子组第 3 轮王新光与宿少峰弈战形成的待判局面。

红方车三进一，直接攻击黑将，判"将"。

黑方将 5 进 1，动将应将，判"闲"。

红方车三退一引来争论：

第一种意见是走子前红炮与黑炮为兑的关系，走子后仍然为兑。

第二种意见却认为，车三退一改变了红炮与黑炮兑的关系，此时黑炮再去吃红炮，会立即被红方"双车错"将死，不符合"兑"的术语解释，推算中务必让行棋方接续再走，即红炮吃黑炮，因此车三退一判"捉"。

我们赞同第二种意见。

黑方将 5 退 1，造成黑炮捉车，判"捉"。

本例红方一将一捉属禁止着法，黑方一闲一捉属允许着法，按现行的"11 版规则"裁决：红方变着，不变作负。

局例三

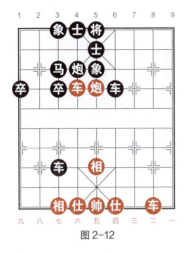

① 炮五退二（捉）
车6进2（捉）
② 炮五进二（捉）
车6退2（闲）

图 2-12

如图 2-12，选自 2006 年大连市象棋裁判员培训班考试试题。

红方炮五退二，造成无根车送吃，而黑方一旦吃掉此子后，立即会被红方车二进九将死，不符合"献"的术语解释。此时推算中务必让行棋方接续再走，即红车吃黑车，因此红方炮五退二，判"捉"。

黑方车6进2捉炮，判"捉"。

红方炮五进二，走子前红车吃炮要付出中炮的代价，走子后红车能够无偿吃炮，判"捉"。

黑方车6退2，判"闲"。

本例红方长捉属禁止着法，黑方一捉一闲属允许着法，按现行的"11 版规则"裁决：红方变着，不变作负。

局例四

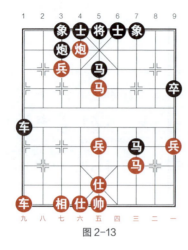

① 车九平八（闲）
车1平2（捉）
② 车八平九（闲）
车2平1（捉）

图 2-13

如图 2-13，选自 2012 年中国象棋大师网，棋友研讨棋例时提出的一则待判局面。

红方车九平八，判"闲"。

黑方车 1 平 2，看似无根车送吃，然而红方一旦吃掉此子后，立即会被黑方炮 3 进 8 将死，不符合"献"的术语解释。此时推算中务必让行棋方接续再走，即黑车吃红车，因此黑方车 1 平 2 判"捉"。

红方车八平九，判"闲"。

黑方车 2 平 1，其走子性质与车 1 平 2 相同，判"捉"。

本例红方两闲属允许着法，黑方长捉属禁止着法，按现行的"11 版规则"裁决：黑方变着，不变作负。

局例五

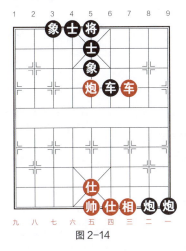

① 车三进三（将）
　车6退3（兑）
② 车三退三（闲）
　车6进3（捉）

图2-14

如图2-14，选自2013年9月辽宁网络棋牌频道论坛《裁判世界》棋友凭虚御风提出的一则待判局面。

红方车三进三，直接攻击黑将，判"将"。

黑方车6退3，同兵种邀兑，红方兑子后，不致立即被将死或立即在子力价值上遭受损失，符合"兑"的术语解释，判"兑"。

红方车三退三，判"闲"。

黑方车6进3，看似无根车送吃，然而对方一旦吃掉此子后，立即会被黑方炮9平7将死，不符合"献"的术语解释，同兵种相遇，受献方吃子后立即被杀时，让行棋方接续再走，即黑方车6平7吃红车，判"捉"。

本例红方一将一闲，黑方一兑一捉，双方均属允许着法，按现行的"11版规则"裁决：双方不变作和。

4. 闲之判断的接续再走

"接续再走说"不仅适用于走子为"杀"与"捉"时,同样也适用于走子为"闲"时。

局例一

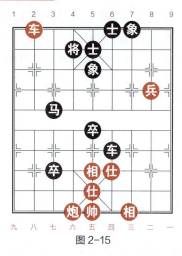

① 车八退三(闲)
将 4 退 1(闲)
② 车八进三(将)
将 4 进 1(闲)

图 2-15

如图 2-15,选自 2005 年 10 月于天津举办的"东丽杯"全国棋友象棋大奖赛,第 11 轮张伟与刘德钟弈战中形成的待判局面。

红方车八退三,伏车八平六,马 3 退 4,车六平四,车 6 平 4,结果红方一无所获,判"闲"。值得注意的是,我们在推算车八退三走棋性质时,采用了让红方接续再走的方法。

黑方将 4 退 1,判"闲"。

红方车八进三,直接攻击黑将,判"将"。

黑方将 4 进 1,动将应将,判"闲"。

本例红方一闲一将,黑方两闲,双方均属允许着法,按现行的"11版规则"裁决:双方不变作和。

局例二

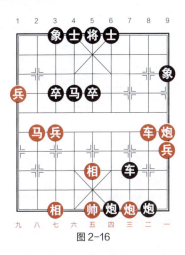

① 帅五进一(闲)
车7进1(将)
② 帅五退一(闲)
车7退1(闲)

图 2-16

如图 2-16,选自 2012 年全国象棋个人锦标赛,聂铁文与洪智弈战形成的一则待判局面。

红方帅五进一,判"闲"。

黑方车7进1,直接攻击红帅,判"将"。

红方帅五退一,动帅应将,判"闲"。

黑方车7退1,推算中让行棋方接续再走:炮6平3,车二退四,车7平5,帅五平六,炮3平7,车二平三,通过完整互吃交换后黑方用双炮换取对方一炮双相,得不偿失,判"闲"。

本例红方两闲,黑方一将一闲,双方均属允许着法,按现行的"11版规则"裁决:双方不变作和。

局例三

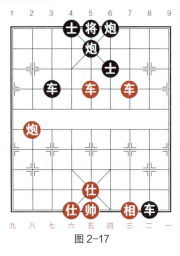

① 炮八进五（将）
车 3 退 3（捉）
② 炮八退五（闲）
车 3 进 3（闲）

图 2-17

如图 2-17，红方炮八进五，直接攻击黑将，判"将"。

黑方车 3 退 3 捉无根炮，判"捉"。

红方炮八退五，判"闲"。

黑方车 3 进 3 是捉还是闲呢？

车 3 进 3 虽然造成同兵种两车相遇，且均不能离线，仍由黑方接续再走，倘若车 8 平 7，车三退六，车 3 平 5，炮八进五将死黑方，黑方得子后立即被将死，按"闲"处理。

本例红方一将一闲，黑方一捉一闲，双方均属允许着法，按现行的"11 版规则"裁决：双方不变作和。

5. 威力互达子的接续再走

"威力互达子"相遇时,由行棋方接续再走。

局例一

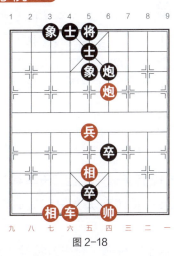

① 车六平五(捉)
卒5平4(闲)
② 车五平六(捉)
卒4平5(闲)

图2-18

如图2-18,红方车六平五是兑还是捉?

近几年,棋友们对此各抒己见,一直争论不休。车六平五走棋性质为不同兵种相遇,前些年这种情况称之为"威力互达子"。"11版规则"取消了"威力互达子"的说法。要按不同兵种相遇处理,应当让行棋方接续再走,红车吃卒,判"捉"。

同理,红方车五平六也判"捉"。

黑方两步平卒,均判"闲"。

本例红方长捉属禁止着法,黑方两闲属允许着法,按现行的"11版规则"裁决:红方变着,不变作负。

局例二

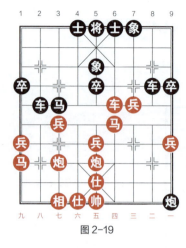

图 2-19

① 兵三平二（闲）
车 8 平 7（捉）
② 兵二平三（闲）
车 7 平 8（捉）

如图 2-19，选自 2002 年 12 月第二十二届"五羊杯"全国象棋冠军邀请赛，赵国荣与许银川在决赛中弈成的待判局面。

红方兵三平二，"威力互达子"相遇，行棋方接续再走，下一着过河兵吃黑车，因允许兵（卒）本身长捉，判"闲"。

黑方车 8 平 7，伏车 7 进 6，仕五退四，车 7 退 5，仕四进五，车 7 平 6 吃车，判"捉"。

红方兵二平三，又是"威力互达子"相遇，行棋方接续再走，下一着过河兵吃黑车，因允许兵（卒）本身长捉，判"闲"。

黑方车 7 平 8，伏车 8 进 6，仕五退四，炮 9 平 6 吃仕，判"捉"。

本例红方两闲属允许着法，黑方长捉属禁止着法，按现行的"11 版规则"裁决：黑方变着，不变作负。

局例三

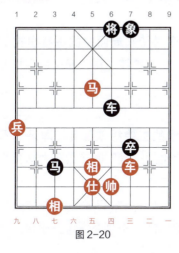

图 2-20

① 车三平四（兑）
　 卒 7 平 6（杀）
② 车四平三（杀）
　 卒 6 平 7（将）

如图 2-20，红方车三平四，邀兑黑车，黑方兑子后，不致立即被将死或立即在子力价值上遭受损失，判"兑"。

黑方卒 7 平 6，"威力互达子"相遇，行棋方接续再走，过河卒吃车本应为闲，然而不容忽略的是黑方可以运用弃卒连续将军的手段将死红方，按"杀"处理。

红方车四平三，企图在下一着车三进七吃象，将死黑方，判"杀"。

黑方卒 6 平 7，造成黑车直接攻击红帅，判"将"。

本例红方一兑一杀属允许着法，黑方一杀一将属禁止着法，按现行的"11 版规则"裁决：黑方变着，不变作负。

二、对方接续走棋

上文中已经讲过,裁判在对待判局面中的每着棋推演定性时与棋手弈战不同,不是由对方接续走棋,而是由行棋方接续再走(特例除外)。

那么,哪些是特例呢?

同兵种的兑与献即为特例的主要组成部分。即某一着棋的走棋性质为"兑"或为同兵种的"献"时,因子力转换牵引推演转换,务必选择对方接续走棋。

此外,当两车相遇,被邀兑方兑车后或受献方接受献子后,因子力价值受损被判"捉"时,也是对方接续走棋。它是捉的特例。

1. 同兵种的兑由对方接续走棋

走棋性质符合"兑"的术语解释时,由对方接续走棋。

局例一

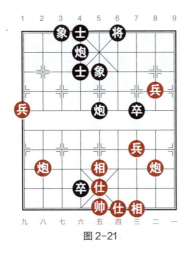

图 2-21

① 炮八平六(兑)
士 4 退 5(杀)
② 炮六平八(闲)
士 5 进 4(杀)

如图 2-21，选自 2010 年第五届"威凯房地产杯"全国一级棋士赛，第 4 轮程鸣与蒋凤山弈战中形成的待判局面。

红方炮八平六，邀兑黑炮，而黑炮吃去红炮后，不致立即被将死或立即在子力价值上遭受损失，判"兑"。凡走子性质是"兑"，推算时必须从子力转换开始进行转换式推演，不能让行棋方接续再走，而应像实战一样，由对方接续走棋。

黑方士 4 退 5 变动炮台，企图在下一着卒 4 进 1 将死红方，判"杀"。

红方炮六平八，判"闲"。

黑方士 5 进 4 再次变动炮台，又企图在下一着卒 4 进 1 将死红方，判"杀"。

本例红方一兑一闲属允许着法，黑方长杀属禁止着法，按现行的"11 版规则"裁决：黑方变着，不变作负。

局例二

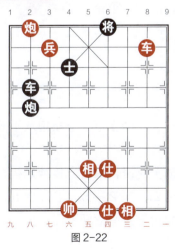

图 2-22

① 炮八平九（杀）
　车 2 平 1（闲）
② 炮九平八（杀）
　车 1 平 2（兑）

如图 2-22，红方炮八平九与炮九平八，都是企图在下一着进兵将死黑方,均判"杀"。

黑方车2平1捉炮,因红炮有暗根,黑方并不敢吃,判"闲"。

黑方车1平2,造成同兵种两炮相遇,且红炮有暗根,故黑车对其无捉,符合兑的术语解释,判"兑"。走子性质为兑时,由对方接续走棋,即:炮八退四,车2进1。

本例红方长杀属禁止着法,黑方一闲一兑属允许着法,按现行的"11版规则"裁决:红方变着,不变作负。

局例三

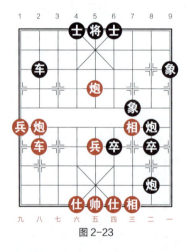

图2-23

① 炮八进一（杀）
   后炮退1（兑）
② 炮八退一（杀）
   后炮进1（兑）

如图2-23,红方炮八进一,企图在下一着棋炮八平五将死黑方,判"杀"。

黑方后炮退1,走子性质为兑时,由对方接续走棋,即炮八平二,车2进4,炮二退四,车2平5,炮二平五,交换后红方丢一车得双炮,子力价值没有立即遭受损失,符合"兑"的术语解释,判"兑"。

红方炮八退一与炮八进一走棋性质相同,判"杀"。

黑方后炮进1与后炮退1走棋性质相同，判"兑"。

本例红方长杀属禁止着法，黑方长兑属允许着法，按现行的"11版规则"裁决：红方变着，不变作负。

局例四

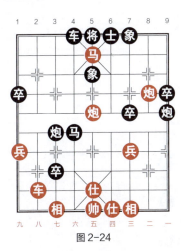

① 炮五退二（捉）
　　炮9进2（献）
② 炮五进二（捉）
　　炮9退2（兑）

图2-24

如图2-24，选自第八届"棋友杯"全国象棋大奖赛，第4轮王希顺与赵卫军弈战形成的待判局面。

红方炮五退二，伏马五退七，马4退5，马七进六得车，判"捉"。

黑方炮9进2，用无根炮送吃，一旦红炮吃去黑炮后，不致立即被将死或立即在子力价值上遭受损失，符合"献"的术语解释，判"献"。

红方炮五进二，与炮五退二走棋性质相同，判"捉"。

黑方炮9退2，邀兑红炮，而红炮吃去黑炮后，不致立即被将死或立即在子力价值上遭受损失，判"兑"。凡走子性质是"兑"，推算时必须从子力转换开始时进行转换式推演，不能让行棋方接续再走，而应像实战一样，由对方接续走棋。

本例红方长捉属禁止着法，黑方一献一兑属允许着法，按现行的"11版规则"裁决：红方变着，不变作负。

2. 同兵种的献由对方接续走棋

走棋性质属于同兵种的"献"，由对方接续走棋。

局例一

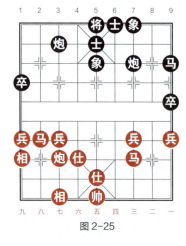

① 炮七平八（闲）
　炮3平2（献）
② 炮八平七（闲）
　炮2平3（献）

图2-25

如图2-25，红方炮七平八与炮八平七两步平炮避献，均判"闲"。

黑方炮3平2献炮，造成同兵种两炮相遇，在裁决待判局面中的某一着棋的走棋性质为同兵种的"献"时，由对方接续走棋，即炮八进六，炮7进5，红方受献后子力价值没有立即遭受损失，符合"献"的术语解释，判"献"；同理，黑方炮2平3，也判"献"。

本例红方两闲，黑方长献，双方均属允许着法，按现行的"11版规则"裁决：双方不变作和。

局例二

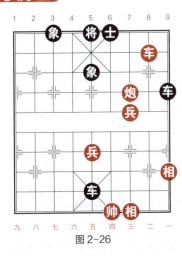

① 车二平一（献）
车 9 平 8（闲）

② 车一平二（献）
车 8 平 9（闲）

图 2-26

如图 2-26，红方车二平一，造成同兵种两车相遇，在裁决待判局面中的某一着棋的走棋性质为同兵种的"献"时，由对方接续走棋，即车 9 退 2，炮三平五，象 5 进 7，炮五退五，象 7 退 5，黑方受献后没有立即在子力价值上遭受损失，符合"献"的术语解释，判"献"。

黑方车 9 平 8，判"闲"。

红方车一平二，其走棋性质与车二平一相同，判"献"。

黑方车 8 平 9，判"闲"。

本例红方长献，黑方两闲，双方均属允许着法，按现行的"11版规则"裁决：双方不变作和。

局例三

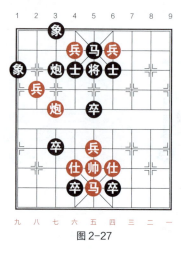

图2-27

① 兵八平七（献）
　炮3平2（杀）
② 兵七平八（杀）
　炮2平3（闲）

如图2-27，选自2011年北京市象棋裁判员培训班考试试题。

红方兵八平七，走子送吃七路炮，走棋性质为同兵种的"献"时，由对方接续走棋，黑炮吃去红炮后不致立即被将死或子力价值受损，符合"献"的术语解释，判"献"。

黑方炮3平2，企图在下一着炮2进5将死红方，判"杀"。

红方兵七平八，企图在下一着炮七进二将死黑方，判"杀"。

黑方炮2平3，判"闲"。

本例红方一献一杀，黑方一杀一闲，双方均属允许着法，按现行的"11版规则"裁决：双方不变作和。

局例四

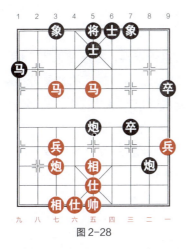

① 炮七退一（闲）
　炮8进1（献）
② 炮七进一（闲）
　炮8退1（献）

图2-28

如图2-28，选自1992年6月北京市象棋等级赛，于京华与田钢弈战时形成的待判局面。

红方炮七退一与炮七进一，均判"闲"。

黑方炮8进1与炮8退1，均属用无根炮送吃，走棋性质为同兵种的"献"时，由对方接续走棋，红方吃掉黑炮后，不致立即被将死或立即在子力价值上遭受损失，符合"献"的术语解释，均判"献"。

本例红方两闲，黑方长献，双方均属允许着法，按现行的"11版规则"裁决：双方不变作和。

3. 捉之特例的对方走棋

此系我们在对规则进行研讨时所深入的特殊领域。由于一无同行论述可参，二无实战盘面可鉴，所以研究成果尚处于丰富和检验阶段。在此提出既有开拓棋友视野之意，更有邀约

同行共析之请。

待判盘面状态：两车相遇，被邀兑方兑车后，子力价值受损。

惯例推演结果：由行棋方接续走棋，推演结果为"捉"。

面临现实矛盾：由于"11版规则"对捉的性质分出第一类与第二类，按过去的惯例，由行棋方接续走棋，势必造成不合棋理的判处。

有效解决方法：两车相遇，被邀兑方兑车后或受献方接受献子后，以实际损失为判断依据，此时由行棋方的对方接续走棋实施转换式推演。

局例一

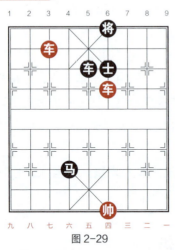

① 车七平五（捉）
车 5 平 3（杀）
② 车五平七（捉）
车 3 平 5（杀）

图 2-29

如图 2-29，红方车七平五，同兵种两车相遇，这着棋是本例的要点，怎样依据规则把这着棋准确定性，考验我们理解和把握规则精神的能力。

下面我们把由红方接续再走还是由黑方接续走棋两种方

式所带来的结果推演如下。

第一种，红方接续再走：车五退一吃车，判"捉"，属"捉"的性质中第一类着法。带来的问题是：红方平车五路的真实目的是解杀及通过先弃后取交换一车并多吃一士，绝非强行吃车。如此判定，既不合棋理，行棋方也难以接受，明显是机械地理解规则。

第二种，黑方（对方）接续走棋：车5退1，车四进一，车5平6，车四进一，将6平5，黑方接受送吃后，同兵种的两个车在完整互吃交换过程中都抵消了，推演最后结果红方只是多得黑方一士，这个结果当然不符合"献"的术语解释，判"捉"，属"捉"的性质中第二类着法。显然，这个推算结果才符合实际情况，还原了行棋方的真正意图，此裁决行棋方与对手均能接受。

综上所述，我们创新提出两车相遇，被邀兑方兑车后或受献方接受献子后，子力价值若受损，推算时由行棋方的对方接续走棋。

黑方车5平3，企图在下一着车3进7，将死红方，判"杀"。
红方车五平七与车七平五性质相同，判"捉"。

黑方车3平5，还是企图在下一着车5进7将死红方，判"杀"。

本例红方长联合捉子属禁止着法中第二类性质，黑方长杀属禁止着法中第一类性质，按现行的"11版规则"裁决：黑方变着，不变作负。

局例二

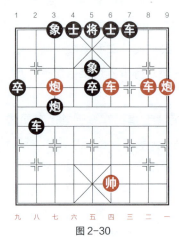

① 车二平三（捉）
车7平8（杀）
② 车三平二（捉）
车8平7（杀）

图 2-30

如图 2-30，红方车二平三，邀兑有根车，黑方接受邀兑后，损失一士，不符合兑的术语解释，判"捉"。

黑方车7平8，企图从下一着起车8进8，帅四退一，车2进4造成"双车错"将死红方，判"杀"。

红方车三平二，邀兑无根车，黑方接受邀兑后，损失一士，不符合兑的术语解释，判"捉"。

那么，此刻在推算时是红方接续走棋还是由黑方行棋呢？

试演如下：

第一种，红方接续再走车二进三吃车，属"捉"的性质中第一类着法。

第二种，黑方（对方）接续走棋车8进3，车四进三，将5进1，炮七平二，黑方接受邀兑后，损失一士，属"捉"的性质中第二类着法。

显然，第二种的推算结果符合实际情况。因此，两车相遇，被邀兑方兑子后，子力价值受损，在推算时应当由行棋方的对方行棋！

黑方车8平7，走子后又能造成双车错杀，判"杀"。

本例红方长联合捉子属禁止着法中第二类性质，黑方长杀属禁止着法中第一类性质，按现行的"11版规则"裁决：黑方变着，不变作负。

局例三

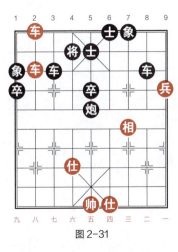

① 后车进一（将）
　将4进1（闲）
② 后车退一（捉）
　将4退1（杀）

图 2-31

如图 2-31，红方后车进一，直接攻击黑将，判"将"。

黑方将4进1，动将应将，判"闲"。

红方后车退一，同兵种两车相遇，黑方接受邀兑后，损失一车，不符合"兑"的术语解释，判"捉"。

下面我们把由红方接续再走及黑方接续走棋两种方式推演如下。

红方接续再走：后车平七吃车，与前车联合形成"双车错"杀。红方退车的真实目的是通过先弃后取多吃一车，绝非作杀。

黑方（对方）接续走棋：车3平2，车八退二，将4退1，车八平二，推演最后结果为红方多得黑方一车，这个结果不符合"兑"的术语解释，判"捉"。这个推算结果才符合实际情况，还原了行棋方的真正意图。

黑方将4退1，企图从下一着起双车一炮相互配合将死红方，判"杀"。

本例红方一将一捉属禁止着法，黑方一闲一杀属允许着法，按现行的"11版规则"裁决：红方变着，不变作负。

局例四

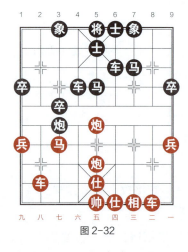

① 车八平六（捉）
车4平2（闲）
② 车六平八（捉）
车2平4（闲）

图2-32

如图2-32，红方车八平六，同兵种两车相遇，黑方接受邀兑后，损失一马，不符合"兑"的术语解释，判"捉"。

那么，红方车八平六，意图何在？选择不同的接续走棋方式结果当然不同。

第一种，红方接续再走：车六进五吃车，判"捉"。然而，红方兑车的真实目的是多吃一马，绝非吃车。

第二种，黑方（对方）接续走棋：黑方车4进5接受邀兑后，红方后炮进四吃马将军，待黑方应将后，再马七退六吃车，通过完整互吃交换后红方用一车换取黑方一车一马，判"捉"，这个推算结果才符合实际情况。

我们认为第二种推演结果还原了红方真正意图，并切合实际。

黑方车4平2避兑，判"闲"。

红方车六平八与车八平六走棋性质相同，判"捉"。

黑方车2平4与车4平2走棋性质相同，判"闲"。

本例红方长捉属禁止着法，黑方两闲属允许着法，按现行的"11版规则"裁决：红方变着，不变作负。

第三章 推演判断法

在棋例裁决中推演判断棋着性质的路线图是：行棋着法（对象）→盘面状态（依据）→推演进程（手段）→规则解释（标尺）→棋着定性（目的）。用棋例去裁决待判局面中某着棋走棋性质时，经常存在多重变化并行、多项选择同在、多种结论共存的情况，要保证裁决结果的精准，就必须坚持推演判断所特有的五大原则。

一、客观存在原则

客观存在是不以棋手意志为转移，不被棋理判断所左右，由象棋规则所主导和认定的盘面状态及棋着变化的客观事实。客观存在原则的特征：一是坚持棋例第一，单审子力价值，不考虑下一步的蓄势形态；二是存在既予认定，不考虑行棋者的主观意愿。

棋例裁决中有些被判成"捉"的，往往是棋手不情愿的。尽管棋手不情愿，也不能取代客观形成的事实，既然在客观上构成了"捉"，就一定要按"捉"处理。

局例一

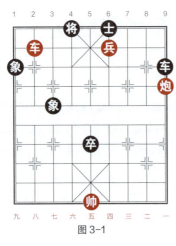

① 炮一平二（杀）
车９平８（捉）
② 炮二平一（捉）
车８平９（捉）

图 3-1

如图 3-1，选自第七届"棋友杯"全国象棋大奖赛第 6 轮，潘振波对牛显君弈战形成的待判局面。

红方炮一平二，企图从下一着起炮二进三，士 6 进 5，兵四进一将死黑方，判"杀"。

黑方车 9 平 8 捉炮，判"捉"。

红方炮二平一，伏炮一进三，车 8 退 2（士 6 进 5，兵四进一，车 8 退 2，兵四平五杀），炮一平四吃少根士，判"捉"。对此裁决，红方辩解道："我绝不会用炮去吃士，如用炮去吃士，贻误了战机，反会被对方车、卒抢先攻城。"

听了红方的申辩，监局裁判员心里也画了问号，上报给裁判长，裁判长复审后，认为监局裁判员对炮二平一走子性质的裁决并没有错，维持原判，并在赛后向红方耐心解释："你没有吃士的想法，并不能取代客观形成的事实，这个捉是你不情愿的，但炮二平一既然在客观上构成了对黑士的捉，就要按'捉'裁决。"

黑方车8平9捉炮，判"捉"。

本例红方一杀一捉少根子属禁止着法中第二类性质，黑方长捉无根子属禁止着法中第一类性质，按现行的"11版规则"裁决：黑方变着，不变作负。

局例二

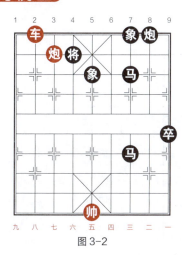

图 3-2

① 车八退一（闲）
　将 4 退 1（闲）
② 车八进一（将）
　将 4 进 1（闲）

如图 3-2，红方车八退一，形成了要抽吃的局面。众所周知，形成了要抽吃时，如果有子可抽则为"捉"，无子可抽则为"闲"；那么车八退一后，究竟是有子可抽，还是无子可抽呢？把车八退一判成"捉"的人，肯定认为下一步能够抽吃到黑马。真的能够抽吃到黑马吗？回答是否定的，因为红方炮七退一后，黑方可将4进1，红方一无所得。也许有人会说："红方下一着接走车八退五，一定会得子，黑方反倒不利。"但那是隔一步的事情，现行棋规对隔一步是不予考虑的。因此，车八退一，判"闲"。

黑方将 4 退 1，判"闲"。

红方车八进一,直接攻击黑将,判"将"。

黑方将4进1,虽然造成了黑炮捉车,但这是走动将后应将产生的捉,判"闲"。

本例红方一闲一将,黑方两闲,双方均属允许着法,按现行的"11版规则"裁决:双方不变作和。

局例三

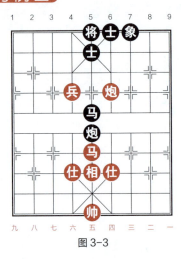

① 帅五平四(闲)
　炮5平6(将)
② 帅四平五(闲)
　炮6平5(捉)

图3-3

如图3-3,红方帅五平四,判"闲"。

黑方炮5平6,直接攻击红帅,判"将"。

红方帅四平五,动帅应将,判"闲"。

黑方炮6平5捉相,对此有人质疑:下一着炮吃相会陷入绝境。然而,分析着法性质时,只考虑能否吃到,而不考虑棋手会不会吃。棋例裁决应以客观存在为依据,尽管吃相后炮被困死,属于隔一步棋,规则不予考虑,判"捉"。

本例红方两闲属允许着法,黑方一将一捉属禁止着法,按现行的"11版规则"裁决:黑方变着,不变作负。

二、隔一步原则

一方吃子后只要不是立即被杀，隔一步绝杀不予考虑，按"捉"处理。

局例一

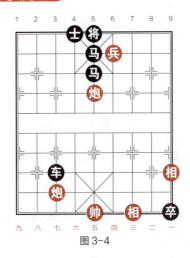

① 帅五平四（杀）
车3平6（将）
② 帅四平五（闲）
车6平3（捉）

图 3-4

如图 3-4，选自 2011 年北京市象棋裁判员培训班考试试题。

红方帅五平四，企图在下一着兵四进一将死黑方，判"杀"。

黑方车 3 平 6，直接攻击红帅，判"将"。

红方帅四平五，动帅应将，按"闲"处理。

黑方车 6 平 3 捉炮，判"捉"。对此，黑方提出从棋理上说，凡会下棋的人都不敢车 3 进 1 吃炮，否则会被帅五平四绝杀。然而，棋例裁决应以客观存在为依据，车 3 进 1 吃炮后并不能立即被杀，而是隔一步的杀，隔一步的杀不予考虑。

本例红方一杀一闲属允许着法,黑方一将一捉属禁止着法,按现行的"11版规则"裁决:黑方变着,不变作负。

局例二

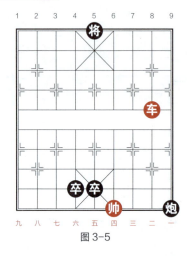

图 3-5

① 车二平一(捉)
　炮 9 平 8(闲)
② 车一平二(捉)
　炮 8 平 9(闲)

如图 3-5,选自 2009 年 12 月广东象棋网《裁判天地》,棋友研讨棋例时提出的一则待判局面。

红方车二平一与车一平二,步步追捉黑炮,均判"捉";对此,红方棋手认为从棋理上说,绝不敢退车吃炮,否则,会被黑方卒 4 进 1 绝杀。然而,站在棋例裁决的角度上应以客观存在为依据,因红方得子后不致立即被对方将死,下一着即使形成绝杀也不予考虑。

黑方炮 9 平 8 与炮 8 平 9,为两闲。

本例红方长捉属禁止着法,黑方两闲属允许着法,按现行的"11版规则"裁决:红方变着,不变作负。

局例三

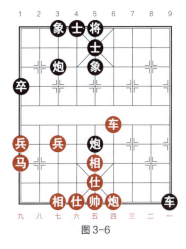

① 车四平七（捉）
将 5 平 6（杀）
② 车七平四（将）
将 6 平 5（闲）

图 3-6

如图 3-6，选自 2006 年 5 月第三届全国体育大会，裁判组收集的一则待判局面。

红方车四平七解杀捉炮，判"捉"。有人会提出意见，棋手绝不敢走车七进三吃炮，否则下一着会被黑方将 5 平 6 绝杀。然而，只要车七进三吃炮后不致立即被黑方将死，下一着不予考虑。

黑方将 5 平 6，企图在下一着车 9 平 6 将死红方，判"杀"。

红方车七平四，直接攻击黑将，判"将"。

黑方将 6 平 5，动将应将，判"闲"。

本例红方一捉一将属禁止着法，黑方一杀一闲属允许着法，按现行的"11 版规则"裁决：红方变着，不变作负。

局例四

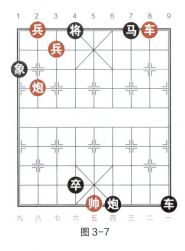

① 车二平一（献）
车9平8（杀）
② 车一平二（献）
车8平9（杀）

图3-7

如图3-7，红方车二平一与车一平二，走子连续送吃，黑车吃去红车后不致立即被将死或立即在子力价值上遭受损失，符合"献"的术语解释，均判"献"。有人会提出疑问，接受献子会被红方炮八进二绝杀。然而只要接受献子后不致立即被黑方将死，隔一步绝杀不予考虑。

黑方车9平8与车8平9，走子前并没有杀，走子后企图在下一着退炮将死对方，均判"杀"。

本例红方长献属允许着法，黑方长杀属禁止着法，按现行的"11版规则"裁决：黑方变着，不变作负。

局例五

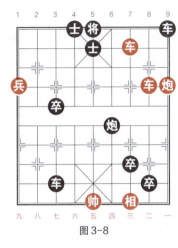

图 3-8

① 车三平一（捉）
车 9 平 7（闲）
② 车一平三（献）
车 7 平 9（闲）

如图 3-8，红方车三平一，献车给对方吃，但在献车的同时，又造成红炮对黑车的捉，献兼捉，从重判"捉"。

黑方车 9 平 7，判"闲"。

红方车一平三，又在献车，黑方沉思良久却不敢受献，因为一旦贸然吃车，红方便要车二进三将军，逼回黑方肋炮，再炮一平七，可成绝杀之势，黑方认为，似此，怎能是献，分明是捉。

原来黑方的盲点在于对"献"的定义理解上有偏差。客观事实是红方车一平三，属于无根车送吃，对方同兵种黑车一旦吃掉红车后，不致立即被将死，而是隔了一步，因此车一平三，判"献"。

黑方车 7 平 9，判"闲"。

本例红方一捉一献，黑方两闲，双方均属允许着法，按现行的"11 版规则"裁决：双方不变作和。

三、攻则严原则

攻则严原则,是指当分析待判局面中攻方某一着棋时,如若同时有几种攻势,且棋例裁决结果各不相同。我们必须剔除劣变,摒弃弱选,坚持以最优变化的推演结果作为棋着定性的依据。

局例一

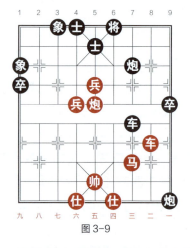

① 车二平四(将)
　 炮7平6(闲)
② 车四平二(捉)
　 炮6平7(捉)

图 3-9

如图 3-9,选自 1992 年全国象棋个人赛,陈富杰与柳大华弈战形成的待判局面。

红方车二平四,直接攻击黑将,判"将"。

黑方炮 7 平 6,判"闲"。

红方车四平二,有三种攻击方案:

其一,车二进六,将 6 进 1,炮五平四,炮 6 平 7,兵五平四,炮 7 平 6(士 5 进 6,兵四进一,将 6 进 1,车二平四杀），车二退一，将6退1，兵四进一，将6平5，车二进一，判"杀"。

其二，车二进六，将6进1，炮五平四，炮6平5，兵五平四，士5进6，兵四进一，将6平5，兵四平五，象3进5，过河兵主动换一士一炮，判"闲"。

其三，车二进六，将6进1，炮五平四，炮6平5，兵五平四，士5进6，炮四进二吃士，判"捉"。

以上三种推演：

第一推演为黑方误变，故推演结果自行排除。

第二推演为棋理性推演，红方一定会选择，既占便宜又为闲，但属于单方意愿。

第三推演为棋例推演，符合规则认定的事实。

经比较，本着攻则严的原则，选择第三种推演，判"捉"。

黑方炮6平7，又在原来黑车捉马的基础上增加了黑炮对红马的捉，判"捉"。

本例红方一将一捉属禁止着法；黑方一闲一捉属允许着法；按现行的"11版规则"裁决：红方变着，不变作负。

局例二

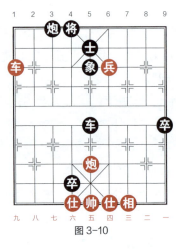

① 车九平七（闲）
炮3平1（捉）
② 车七平九（捉）
炮1平3（杀）

图3-10

如图3-10，红方车九平七，判"闲"。

黑方炮3平1，伏炮1进9，车七退七，以下黑方有两种攻击方案：

其一，卒4进1吃仕并吃车，因允许兵（卒）长捉，判"闲"；

其二，炮1平4得仕，判"捉"。

第一推演为棋理性推演，若从弈棋者的实战观点出发，黑方一定会选择，但这是一厢情愿。

第二推演为棋例推演，本着攻则严的原则，是棋例裁决的必然选择。

红方车七平九捉炮，判"捉"。

黑方炮1平3，企图从下一着起炮3进9，仕六进五，卒4进1将死红方，判"杀"。

本例红方一闲一捉属允许着法，黑方一捉一杀属禁止着法，按现行的"11版规则"裁决：黑方变着，不变作负。

局例三

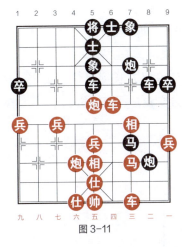

图 3-11

① 车三平二（闲）
   炮7平8（捉）
② 车二平三（闲）
   后炮平7（捉）

如图 3-11，红方车三平二与车二平三，为两闲。

黑方炮7平8，其走子性质较难裁决，关键在于是否能计算出黑方在完整的子力交换过程中构成得子。

推算的方法有三种：

其一，前炮平5，炮五退三，炮8进7，炮五进四，车8平5，马三退二，结果黑方以一车双炮换取红方一车一炮一相，反倒损兵折将，判"闲"。

其二，前炮平5，炮五退三，马7进5，车二进六，马5进7，车四退四，车5平8，车四平三，结果黑方以一炮一车一马换取红方一相一炮一车，亦是得不偿失，判"闲"。

其三，车5进1，车四平五（车二进二，炮8进5，车四平五，马7进5，黑方白吃相），前炮平5，相三退五，炮8进7，马三退二，车8进6，仕五退四，马7进5，结果黑方以一车双炮换取红方车、马、炮及双相，多得双相，符合得子规定，按"捉"处理。

依照攻则严的原则，我们摒弃其一、其二两个劣变推演，选择第三种推演结果，定性为"捉"。

黑方后炮平7，伏马7进5，炮五退三，炮8平5，黑方以一马换一炮一相，符合得子规定，判"捉"。

本例红方两闲属允许着法，黑方长捉属禁止着法，按现行的"11版规则"裁决：黑方变着，不变作负。

局例四

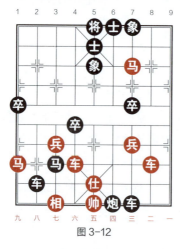

图 3-12

① 车二平三（兑）
车 7 平 8（杀）
② 车三平二（兑）
车 8 平 7（杀）

如图 3-12，选自 2010 年北京市象棋裁判员培训班考试试题。

红方车二平三，对方一旦吃掉此子后，不致立即被将死或立即在子力价值上遭受损失，符合"兑"的术语解释，判"兑"。

黑方车 7 平 8，推算结果有三种：

其一，走子前后均能抽吃红相，判"闲"。

其二，炮 6 平 3，仕五退四，炮 3 平 6，与走子前相比多吃一仕，判"捉"。

其三，炮 6 平 3，仕五退四，车 8 平 6，帅五平四，马 3

进4，判"杀"。

依照攻则严的原则，我们选择第三种推演结果为车7平8定性，判"杀"。

红方车三平二，对方一旦吃掉此子后，不致立即被将死或立即在子力价值上遭受损失，符合"兑"的术语解释，判"兑"。

黑方车8平7走棋性质与车7平8相同，判"杀"。

本例红方长兑属允许着法，黑方长杀属禁止着法，按现行的"11版规则"裁决：黑方变着，不变作负。

局例五

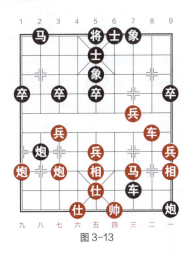

① 炮九平八（捉）
　炮2平1（捉）
② 炮八平九（拦）
　炮1平2（捉）

图3-13

如图3-13，红方炮九平八捉马，判"捉"。

黑方炮2平1，推算结果有两种：

其一，伏炮1进3，相五退七，车7进1，帅四进一，炮1退1，帅四进一，黑方不能得子，判"闲"。

其二，伏车7进1，帅四进一，炮1进2，炮七退一，车7平4得仕，判"捉"。

上述两种攻击方案,我们依照攻则严的原则给黑方炮2平1定性,即为"捉"。

红方炮八平九拦炮,判"拦"。

黑方炮1平2与炮2平1走棋性质一样,仍判"捉"。

本例红方一捉一拦属允许着法,黑方长捉属禁止着法,按现行的"11版规则"裁决:黑方变着,不变作负。

四、守则佳原则

守则佳原则,是指当推演待判局面中守方应着时,如若同时有几种应着,且变化不同,导致棋例裁决结果也不同。此刻裁判所选择的应着既不是棋手心中的最佳选择,也不考虑下步的棋理最优,排除了占位蓄势的空间优势等概念,特指在确保将帅当即安危的前提下,以子力价值损益为标尺。

局例一

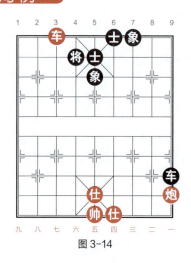

① 炮一平二(闲)
   车9平8(捉)
② 炮二平一(闲)
   车8平9(捉)

图 3-14

如图 3-14，红方炮一平二，伏炮二进七将军，这时黑方存在三种防守方案：

第一种，将 4 进 1，车七退二，将死黑方，判"杀"。

第二种，士 5 进 4（或进 6），车七平四得士，判"捉"。

第三种，士 5 退 4，这时红方不能立即得士，判"闲"。

我们从上述三种推演变化中，本着守则佳原则，摒弃前两种推演变化，选择第三种合理性推演变化来给红方炮一平二定性。

黑方车 9 平 8 捉无根炮，判"捉"。

红方炮二平一，判"闲"。

黑方车 8 平 9 捉无根炮，判"捉"。

本例红方两闲属允许着法，黑方长捉属禁止着法，按现行的"11 版规则"裁决：黑方变着，不变作负。

局例二

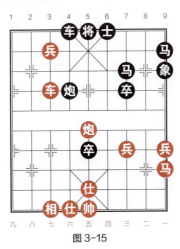

① 车七退三（捉）
　炮 4 进 3（闲）
② 车七进三（闲）
　炮 4 退 3（闲）

图 3-15

如图 3-15，红方车七退三捉过河卒，判"捉"。

黑方炮4进3，判"闲"。

红方车七进三，形成要抽吃子，有子可抽吗？

此时黑方存在四种推演变化：

其一，车七平五，士6进5，车五平三，将5平6，车三平四，士5进6，车四进一吃士，判"捉"。

其二，车七平五，士6进5，车五平三，士5退6，车三平五，士6进5，车五平一，士5退6，车一进一吃象，判"捉"。

其三，车七平五，士6进5，车五平三，士5进6，车三平五，将5平6，炮五平四，士6退5，车五退三吃卒，判"捉"。

其四，车七平五，士6进5，车五平三，士5进4，红方将一无所获，判"闲"。

我们从上述四种推演变化中，本着守则佳原则，摒弃前三种推演变化，选择第四种合理性推演变化来给红方车七进三定性。

黑方炮4退3，判"闲"。

本例红方一捉一闲，黑方两闲，双方均属允许着法，按现行的"11版规则"裁决：双方不变作和。

局例三

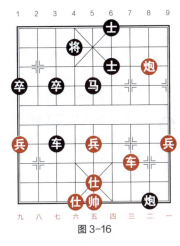
图 3-16

① 车三平六（将）
将 4 平 5（闲）
② 车六平三（闲）
将 5 平 4（闲）

第三章 推演判断法

如图 3-16，红方车三平六，直接攻击黑将，判"将"。

黑方将 4 平 5，动将应将，判"闲"。

红方车六平三，推算结果有两种：

其一，初涉棋例裁决的人对其推算是，车三进六，将 5 退 1，炮二进二，士 6 进 5，车三进一，士 5 退 6，车三退三，士 6 进 5，车三平五，抽吃一黑马，判"捉"。

其二，若是一名有经验的裁判员，对红方车六平三的推算则是，车三进六，马 5 退 6，红方一无所获，判"闲"。

我们当然赞同第二种意见，因为第一种意见为守则佳原则所排除。

黑方将 5 平 4，判"闲"。

红方一将一闲，黑方两闲，双方均属允许着法，按现行的"11 版规则"裁决：双方不变作和。

局例四

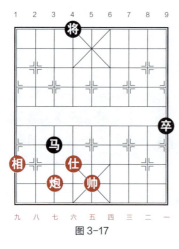
图3-17

① 炮七退一（闲）
马3进2（捉）
② 炮七进一（杀）
马2退3（闲）

如图3-17，红方炮七退一，预计炮七平六将军，此时黑方存在两种方案：

其一，马3退4，炮六进五吃马，判"捉"。

其二，马3进4，帅五平六吃马，判"闲"。

我们从上述两种推演变化中选择第二种来给红方炮七退一定性。或许有人会问，为什么偏偏选择第二种，因为第二种方案是客观存在的，且符合守则佳原则。

黑方马3进2捉仕，判"捉"。

红方炮七进一，企图在下一着炮七平六将死黑方，判"杀"。

黑方马2退3，表面上捉相，下一着吃相后会被红方炮七平六将死，判"闲"。

本例红方一闲一杀，黑方一捉一闲，双方均属允许着法，按现行的"11版规则"裁决：双方不变作和。

五、两不管原则

裁判员在棋例裁决工作中，务必做到两不管：

一是不管待判局面的双方棋手是谁，无论是象棋大师还是普通棋手应一视同仁，在棋例裁决面前做到公平与公正；

二是不管被裁决变着的一方，有变还是无变，尊重已经形成的客观事实，实事求是予以裁决。

局例一

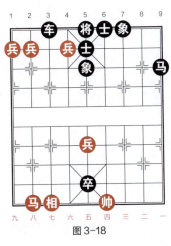

① 兵八平七（闲）
车 3 平 2（捉）
② 兵七平八（闲）
车 2 平 3（杀）

图 3-18

如图 3-18，选自 1996 年在丹东市举办的第八届"棋友杯"全国象棋大奖赛，首轮第 37 台赵卫东与潘振波弈战时形成的待判局面。

红方兵八平七与兵七平八步步用兵捉车，黑方车 3 平 2 与车 2 平 3 避捉后，又分别是"捉"与"杀"，形成了互捉局面。发生互捉时，兵（卒）捉子按"闲"处理。

本例红方两闲属允许着法，黑方一捉一杀属禁止着法，按现行的"11版规则"裁决：黑方变着，不变作负。

本例从黑方角度看，无法变着；但裁判员从规范角度判定，无论黑方有变无变，必须在两个回合内变着，否则作负。

局例二

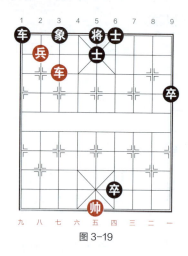

① 兵八平九（闲）
   车1平2（杀）
② 兵九平八（闲）
   车2平1（杀）

图 3-19

如图 3-19，红方兵八平九与兵九平八，步步长捉黑车，兵允许长捉，均判"闲"。

黑方车1平2与车2平1，企图下一着进底车将死红方，尽管黑方无法变着，均判"杀"。

本例红方两闲属允许着法，黑方长杀属禁止着法，按现行的"11版规则"裁决：黑方变着，不变判负。

或许有人说，黑方无法变着，变着即负，但裁判员从规范角度判定，无论黑方有变无变，必须在两个回合内变着，否则作负。

第四章　棋例裁决程序

棋例裁决是通过对待判局中的双方行棋着法逐一定性，解决争议的过程。棋例裁决具有强制性特征，一经裁判长宣布结果，棋手必须无条件执行。

进行棋例裁决时，要掌握以下三个步骤。

第一步，抓准裁决时机。

在对局中出现了待判局面，即双方着法循环反复三次，有一方棋手要求裁决时，监局裁判应立即停钟进行裁决；如循环反复局面不够三次，裁判不能停钟受理；如双方着法循环反复局面已达到或超过三次，双方棋手均未要求裁决，裁判不宜主动介入（除补充细则另有规定外）。

第二步，逐着分析定性。

除了简单的棋例，裁判可直接裁处外，较复杂的棋例应与裁判组长或裁判长共同商量后裁定。进行研究时，在回避双方棋手、领队、教练和无关人员的情况下，先分析判断循环反复着法首着方相应两着棋的走棋性质；再用上述方法分析判断另一方所走循环反复着法中两着棋的属性；最后确认双方属禁止着法还是允许着法，倘若是禁止着法中的"长捉"，还要分清是性质较重的第一类，还是性质较轻的第二类。

第三步，综合归纳裁决。

以棋例总纲为准绳，综合归纳予以裁决：

其一，单方长将立即判负。

其二，双方均为允许着法，双方不变判和。

其三，一方为禁止着法，另一方为允许着法，由前者变着，不变判负。

其四，双方均为禁止着法，且性质对等，双方不变判和。

其五，双方均为禁止着法，一方为性质较重的第一类，另一方为性质较轻的第二类，由前者变着，不变判负。

宣布裁决结果由监局裁判执行，语言宜简练、规范、准确。除"长将"外，其他待判局面均允许单方两个回合之内变着。

一、抓准裁决时机

只有明确了待判局面，方能抓准裁决时机。

1. 何谓待判局面

在对局中出现双方着法循环反复达三次，称为"重复局面"。一方棋手要求裁决，此局面称为"待判局面"。

局例一

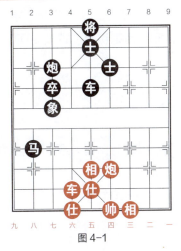

图 4-1

如图 4-1，选自 1956 年 6 月由杨官璘、陈松顺主编的《象棋》月刊第二期。这是象棋规则的历史性探索，也是首部象棋规则的理论准备，从而拉开了象棋规则从无到有、从有到优的持续发展序幕。其原文说明是："红方车六进二捉马，黑方马 2 进 3 捉车，车六退二，马 3 退 2，车六进二，至此黑马虽有进 1 退 1，但这两步均被红车即行捉死，等于不能走，黑马仍须进 3，应由红方车变，红方不变作负。"我们从中可以看到，此文虽然跳出了"车马互捉，不变作和"的棋俗定约，却没有片段分析的概念和下一着不予考虑的棋例理念；尽管裁决结果与依照《象棋竞赛规则 2011》的裁决结果相同，但实质是棋理朴素认知与否定之否定后的片段论的表象相同。在此，我们衷心感谢前人的理论奠基！向该刊作者致敬！

必须补充说明的是，原文没有写完着法，按"11 版规则""重复局面"的要求，双方务必走满六个回合，即车六进二，马 2 进 3，车六退二，马 3 退 2，车六进二，马 2 进 3，

第四章　棋例裁决程序

车六退二,马3退2,车六进二,马2进3,车六退二,马3退2。在对局中出现双方着法循环反复达三次,称为"重复局面"。如果一方棋手要求裁决,此局面则称为"待判局面"。

2. 吃准待判局面

(1) 外来点

双方着法循环反复的第一着棋,有时是从循环着法的外面进入的,这着棋俗称"外来点"。外来点能否算到重复局面里?"11版规则"规定,外来点应计算在内。

局例一

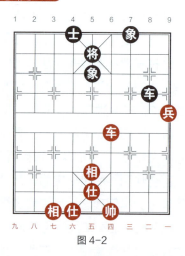

图 4-2

如图 4-2,选自 2004 年"奇声电子杯"电视快棋赛,胡荣华与王斌对阵至 44 回合时的残局形势。

此时轮到红方走棋,双方着法如下:

㊺ 车四进四　将 5 退 1　　㊻ 车四进一　将 5 进 1

㊼ 车四退一　将5退1　㊽ 车四进一　将5进1
㊾ 车四退一　将5退1　㊿ 车四进一　将5进1

本例红方用车将军六次，首着车四进四为外来点，依照现行的"11版规则"规定，应当把车四进四这着棋算到重复局面里，双方着法达到了循环反复三次，形成了重复局面。若有一方棋手要求裁决，即为待判局面。

本例按现行的"11版规则"裁决：立即判红方单方面长将作负。

局例二

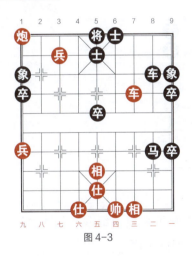

图 4-3

如图 4-3，选自 1982 年 4 月在杭州市举办的第二届亚洲杯象棋赛，赵汝权与李来群对阵战至 35 个回合时的局面。

此时轮到黑方走棋：

㉟　…………　车8平3　㊱ 兵七平六　车3平4

㊲ 兵六平七　车4平3　㊳ 兵七平六　车3平4

㊴ 兵六平七　车4平3　㊵ 兵七平六　车3平4

㊶ 兵六平七

至此，把首着黑方车8平3外来点算在重复局面内，刚好够六个回合，达到了重复局面。若有一方棋手要求裁决，即为待判局面。

本例黑方长捉属禁止着法，红方两闲属允许着法，按现行的"11版规则"裁决：黑方变着，不变作负。

局例三

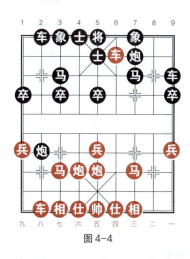

图4-4

如图4-4，选自2003年全国象棋甲级联赛第11轮，李群与苗永鹏弈战至13个回合时的局面。

此时轮到黑方走棋：

⑬ ………… 炮2退5　　⑭ 车四退五　炮2进3

⑮ 车四进五　炮2退3　　⑯ 车四退五　炮2进3

⑰ 车四进五　炮2退3　　⑱ 车四退五　炮2进3

⑲ 车四进五

黑方首着炮2退5是从外面进入的，应当算在重复局面中。至此双方循环反复已经达到六个回合,形成了重复局面,若有一方棋手要求裁决,即为待判局面。

本例双方均为一捉一闲,均属允许着法,按现行的"11版规则"裁决:双方不变作和。

（2）吃子

双方着法循环反复的第一着棋,有时是从吃子进入的,吃子能否算到重复局面里?"11版规则"规定,不应计算在内。

局例一

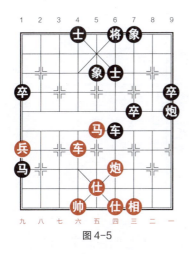

图 4-5

如图 4-5,选自 1991 年在广西桂林举办的第二届"银荔杯"全国象棋冠军赛,李来群与徐天红首轮相遇时战至 32 个回后的局势。

现在轮到红方走棋:

㉝ 车六进六　将6进1　㉞ 车六退一　将6退1

㉟ 车六进一　将6进1　㊱ 车六退一　将6退1

㊲ 车六进一　将6进1　㊳ 车六退一　将6退1

至此，红方用车将军六次。

值得注意的是红方首着车六进六，既是外来点，又是吃子。按现行的"11版规则"规定，若形成循环之首着为"吃子"应予扣除，不计算在循环反复之内。扣除红方首着车六进六后，只有五个半回合，双方着法循环反复未达三次，构不成重复局面，更构不成待判局面，裁判员不能予以裁决。

局例二

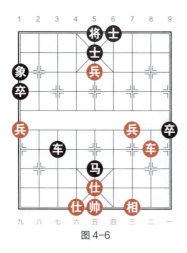

图 4-6

如图 4-6，选自女子特级大师谢思明在北京市棋赛中弈出的一个局面。

现在轮到红方走棋：

① 兵五进一　将 5 平 4　　② 兵五平六　将 4 平 5
③ 兵六平五　将 5 平 4　　④ 兵五平六　将 4 平 5
⑤ 兵六平五　将 5 平 4　　⑥ 兵五平六　将 4 平 5
⑦ 兵六平五

红方首着兵五进一吃中士将军，因其是吃子，尚未进入重复局面。

第一次重复始于黑方第一着将5平4，止于红方第三着兵六平五；第二次重复始于黑方第三着将5平4，止于红方第五着兵六平五；第三次重复始于黑方第五着将5平4，止于红方第七着兵六平五。

本例扣除红方首着兵五进一吃子后，循环反复仍然达到了三次，构成了重复局面。若有一方棋手要求裁决，即为待判局面。

按现行的"11版规则"裁决：红方属单方面长将，立即作负。

（3）变着点

变着点是重复局面以外的着法落子点。凡出现了变着点，就视为该重复局面已于变着点前结束。

局例一

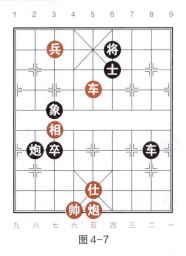

图4-7

如图4-7，选自2005年全国象棋一级棋士赛，第三轮郝继超与靳玉砚对弈时出现的局面。

现在轮到红方走棋：

㊶ 炮五平四　士6退5　㊷ 车五平四　士5进6
㊸ 车四平五　士6退5　㊹ 车五平四　士5进6
㊺ 车四平五　士6退5　㊻ 车五平四　士5进6
㊼ 车四平三　士6退5

至此，红方连续将军七次，为什么未被判负呢？

让我们共同来探讨一下：第一次重复是从41回合黑方首次士6退5始，止于红方43回合车四平五；第二次重复是从43回合黑方士6退5始，止于红方45回合车四平五；第三次重复是从45回合黑方士6退5始，却因红方第47着出现了变着点，即由前两次的车四平五变为车四平三，这个变着点的出现就意味着第三次重复没有形成。

第三次重复没有形成，当然构不成待判局面，裁判员不能进行棋例裁决。

局例二

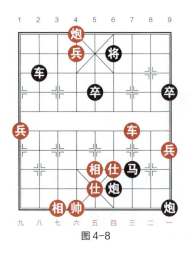

图4-8

如图4-8，选自2003年全国象棋甲级联赛第9轮，蒋川与金波弈战至 45 个回合时的局面。

现在轮到黑方走棋：

㊺ ………… 马 7 进 8 ㊻ 仕五退四 马 8 退 7
㊼ 仕四进五 马 7 进 8 ㊽ 仕五退四 马 8 退 7
㊾ 仕四进五 马 7 进 8 ㊿ 仕五退四 马 8 退 9
51 仕四进五

从双方以上着法中，我们看出从第 45 个回合起，黑方利用进马、退马配合黑炮对红方已经将军六次。然而最后一次已经变着，由马 8 退 7 变成马 8 退 9。这个变着点的出现，意味着重复局面没有完成。

未形成重复局面，就不可能成为待判局面，当然不能进行棋例裁决。

局例三

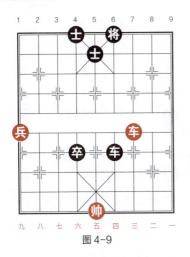

图 4-9

如图 4-9，选自 2008 年兴城市少年儿童象棋赛，赵德明与田刚弈战至 34 回合后的局势。

现在轮到红方走棋：

㉟ 车三进五 将6进1　㊱ 车三退一 将6退1

㊲ 车三进一 将6进1　㊳ 车三退一 将6退1

㊴ 车三进一 将6进1　㊵ 车三退一 将6进1

至此，红方已在两个点上连续将军六次，首着是外来点，应计算在循环反复之内。然而在即将形成红方单方面长将的重复局面之际，黑方却在最后时刻走了将6进1。这个变着点的出现，致使重复局面没能出现，煮熟的鸭子飞了。

这个局例的出现，提醒我们一方在两个交叉点上即使将军六次，并非一定构成长将。

倘若黑方最后一着接走将6退1，形成了待判局面。按现行的“11版规则”裁决：红方单方面长将，立即作负。

（4）两点上的重复

局例一

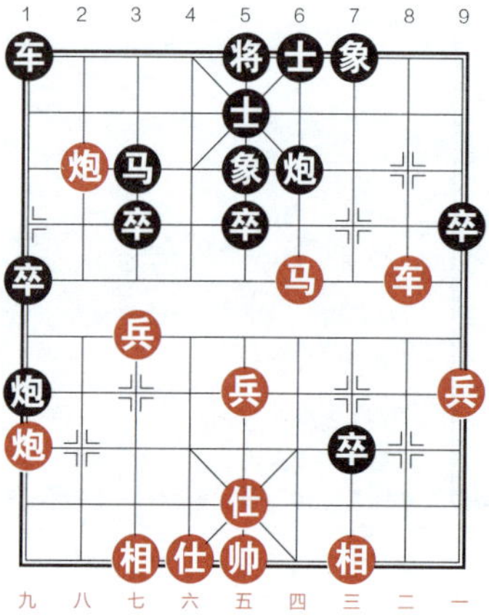

图4-10

如图4-10，选自在开封市举办的河南省轻工厅首届全省轻工系统运动会象棋赛第4轮，关合安与李忠雨战至20个回合后的局面。

现在轮到红方走棋：
㉑ 马四进二　炮6平8　　㉒ 马二退四　炮8平6
㉓ 马四进二　炮6平8　　㉔ 马二退四　炮8平6
㉕ 马四进二　炮6平8　　㉖ 马二退四

红方走子后，提出和棋要求，黑方思考后同意和棋，监局裁判员给双方办理了对局终了手续。

赛后，有人指责裁判员棋例裁决有误，提出本例红方马四进二是"捉"，马二退四造成车捉黑炮亦是"捉"，红方是长捉为禁止着法；而黑方炮6平8捉车是"捉"，炮8平6是"闲"，为允许着法。应由红方变着。

我们认为监局裁判员的做法无可指责。此例黑方着法不足六着，构不成待判局面，裁判不能受理。既然双方同意作和，依照和棋的有关规定，裁判员应予办理对局终了手续。

局例二

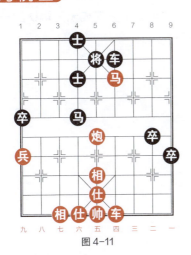

图4-11

如图 4-11，选自 2010 年全国象棋锦标赛（个人），第 4 轮庄玉庭与黄海林弈战至第 33 个回合时的局势。

现在轮到黑方走棋：

㉝………… 马 4 进 3　　㉞炮五退一　马 3 进 4
㉟炮五进一　马 4 退 3　　㊱炮五退一　马 3 进 4
㊲炮五进一　马 4 退 3　　㊳炮五退一　马 3 进 4

弈至第 38 个回合时，红方提请裁决。当时双方记录潦草无法辨认，又都说已经走够六个回合。

依照 2010 年全国象棋锦标赛（个人）补充规定："记录不完整或无法辨认的一方提出待判局面审核时，裁判可不予受理"。

监局裁判员本应不受理，因经验不足不但受理了，还判双方为长捉对长捉，立即作和。此刻，红方又否认了双方着法已达六个回合。

经仔细审核，从记录的着法上看，双方只走了五个半回合，没有达到循环反复三次。查清事实后，裁判长认为构不成待判局面，双方继续比赛。本例中需要引以为戒的是：裁判员应严格按照补充规定执行，即"记录不完整或无法辨认的一方提出待判局面审核时，可不予受理。"

局例三

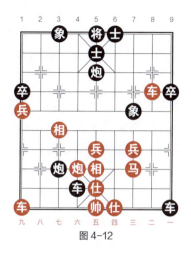

图 4-12

如图 4-12，选自 1985 年全国象棋锦标赛（团体），言穆江与林宏敏对弈时战至 28 个回合后的局势。

现在轮到红方走棋：

㉙ 车二平五 炮 5 平 8　　㉚ 车五平二 炮 8 平 5

㉛ 车二平五 炮 5 平 8　　㉜ 车五平二 炮 8 平 5

㉝ 车二平五 炮 5 平 8　　㉞ 车五平二 炮 8 平 5

㉟ 车二平五 炮 5 平 8

从 29 个回合起至 35 回合止，双方各在两个交叉点上走了 7 个回合，已达"重复局面"。当黑方提出裁决时，监局裁判员竟然判为继续比赛。双方棋手均感惊讶。

在对局中若出现双方着法循环反复已达三次，一方棋手要求裁决，形成了待判局面，监局裁判员就应当受理。这是裁判员的职责所在。

本例双方均为一捉一闲，均属允许着法，按现行的"11 版规则"裁决：双方不变作和。

（5）九个回合

如果一方在三个或三个以上点上，连续以将、杀、捉的交替重复着法或无积极意义的允许着法达九个回合，即使未形成三次重复的待判局面，经一方提出，可按待判局面的有关规定进行裁决。

最新的全国象棋甲级联赛补充细则规定，一方在三个或三个以上点上，连续以将、杀、捉的交替重复着法达九个回合，经裁决后，必须在两个回合之内变着，其中有一着应为"闲"，违者判负。

局例一

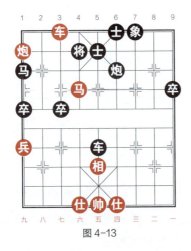

图 4-13

如图 4-13，选自 2010 年全国象棋甲级联赛，第 17 轮王跃飞与张申宏弈战至 44 个回合后的局势。

现在轮到红方走棋：

㊺ 马六进七　将 4 进 1　　㊻ 马七退八　将 4 退 1
㊼ 马八进七　将 4 进 1　　㊽ 马七退八　将 4 退 1

㊾ 车七退一 将 4 退 1　　㊿ 车七进一 将 4 进 1

(51) 车七退一 将 4 退 1　　(52) 车七进一 将 4 进 1

(53) 马八进七 将 4 进 1

至此，红方动马用炮将军 2 次，用马将军 2 次，又用车连续将军 4 次，再用炮将军 1 次，已连续将军 9 次，构成了一方在三个或三个以上点上连续以将、杀、捉的交替重复着法达九个回合。

此刻黑方提出裁决，按现行的“11 版规则”裁决，红方单方面长将，立即作负。

局例二

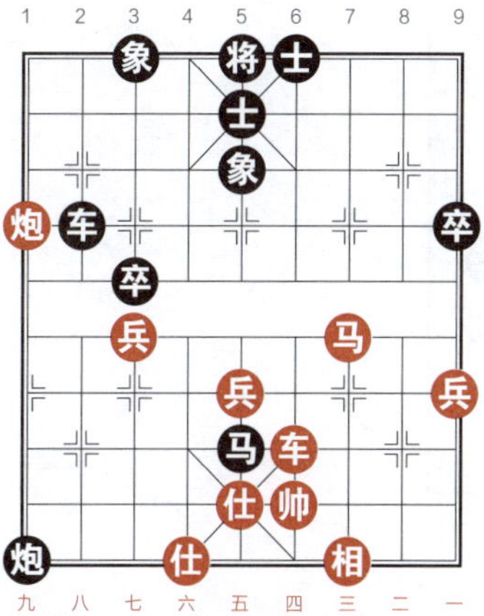

图 4-14

如图 4-14，选自 2003 年 11 月 12 日全国象棋甲级联赛，第 8 轮蒋川与葛维蒲战至 36 个回合后的局势。

现在轮到红方走棋：

㊲ 炮九进三 车 2 退 3　　㊳ 炮九退三 炮 1 退 1

㊴ 帅四退一 炮 1 进 1　　㊵ 帅四进一 车 2 进 3

㊶ 炮九进三　车2退3　㊷ 炮九退三　车2进3
㊸ 炮九进三　车2退3　㊹ 炮九退三　炮1退1
㊺ 帅四退一　炮1进1　㊻ 帅四退一　炮1退1
㊼ 帅四退一　炮1进1

至此，黑方在四个点上连续以将、捉的交替重复着法达十一个回合，红方提出裁决。

按现行的"11版规则"裁决：黑方必须在两个回合内变着，其中一着必须是"闲"，违者判负。

局例三

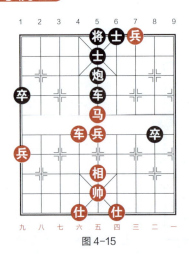

图4-15

如图4-15，选自2010年全国象棋锦标赛，第2轮王晟强与赵金城战至39个回合后的棋局。

此时轮到红方走棋：

㊵ 车六进一　车5平2　㊶ 车六退一　车2平5
㊷ 车六进一　车5平2　㊸ 车六退一　车2平5
㊹ 车六进一　车5平2　㊺ 车六退二　车2平5

㊻ 车六进二　车5平2　　㊼ 车六退二　车2平5
㊽ 车六进二　车5平2　　㊾ 车六退一　车2平5

至此，双方在三个以上交叉点上连续以无积极意义着法达十个回合，红方提出裁决要求。

本例双方均属允许着法，按现行的"11版规则"裁决：双方不变作和。

二、逐着分析定性

吃准待判局面后，引用棋例逐着分析、裁决待判局面中双方循环反复的每一着棋的走棋性质，确定是将、杀、捉，还是闲。所引用的棋例一定要适合这着棋的走棋性质，若无适合的棋例，亦可参照棋例的原则精神，引申出正确的裁决。

1. 逐着定性要统览全局

俗话说，站得高才能望得远。

棋例裁判也有个点和面的关系，所走动的那个棋子就是点，整个棋盘上的局面则是面。一个高水平的象棋裁判员在棋例裁决中，眼睛不能只盯着动子，还要统览全局，重点察看是否因为动子的走动，造成了相关子从没捉到捉。

只有统览全局，才能使自身的棋例裁判水平更上一层楼。

局例一

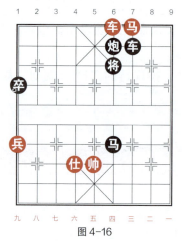

① 车四平五（杀）
  炮6平5（捉）
② 车五平四（将）
  炮5平6（闲）

图 4-16

如图 4-16，选自 2011 年北京市象棋裁判员培训班考试试题。

红方车四平五，企图在下一着车五退二将死黑方，判"杀"。

黑方炮 6 平 5 送吃，看似平淡无奇，统览全局后会发现它造成了相关子黑车下一着可以强行砍马，判"捉"。

红方车五平四，直接攻击黑将，判"将"。

黑方炮 5 平 6 应将，判"闲"。

本例红方一杀一将属禁止着法，黑方一捉一闲属允许着法，按现行的"11 版规则"裁决：红方变着，不变作负。

局例二

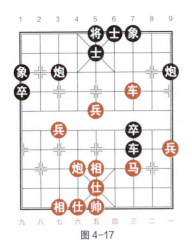

① 相七进九（捉）
　炮 3 平 5（捉）
② 相九退七（捉）
　炮 5 平 3（捉）

图 4-17

如图 4-17，红方相七进九避捉，本身并未走出捉来，但统览全局后就会发现移动底相后，却使远在敌境的红车由没捉过河卒到捉过河卒，像这种由于动子走动后改变相关子之间关系造成的捉，往往容易被忽略，因此，在裁决每一着棋时，千万不能只盯住一个点而忽视整个面，相七进九是捉少根子，判"捉"。

黑方炮 3 平 5 捉无根子中相，判"捉"。

红方相九退七，这步棋又使相关子红车从没捉过河卒到捉过河卒，判"捉"。

黑方炮 5 平 3，走子后能够造成在下一着运用连续交换的手段，弃炮打相吃马，用一炮换取一马一相，为联合捉子，判"捉"。

本例红方长捉少根子，黑方一捉无根子一联合捉子，双方均属禁止着法，按现行的"11 版规则"裁决：双方不变作和。

局例三

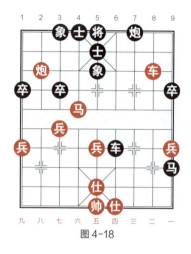

① 车二平三（捉）
　炮7平8（闲）
② 车三平二（捉）
　炮8平7（杀）

图4-18

如图4-18，红方车二平三解杀，如果只盯着红车移动后的这一个点，去推算红车是否有杀底炮或杀中象的捉，而忽略了局面上存在着的其他捉，就犯了以点带面的错误；抛开一个点，统览全局立即就可以看出，移动红车瞄炮后，相关子红马从下一着起能够马六进五，象3进5，炮八进二，象5退3，车三进二，红方以一马换取一炮一象，按"捉"处理。

黑方炮7平8，判"闲"。

红方车三平二捉炮，判"捉"。

黑方炮8平7，企图在下一着炮7进9将死红方，判"杀"。

本例红方长捉属禁止着法，黑方一闲一杀属允许着法，按现行的"11版规则"裁决：红方变着，不变作负。

局例四

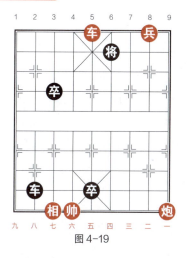

① 炮一进一（捉）
车 2 进 1（杀）
② 炮一退一（捉）
车 2 退 1（杀）

图 4-19

如图 4-19，选自 2011 年北京市象棋裁判员培训班考试试题。

红方炮一进一，下一着炮一平八吃车，判"捉"。

黑方车 2 进 1，下一着车 2 平 3 将死红方，判"杀"。

红方炮一退一，从表面上看是保相避杀，但统览全局后就会发现红炮保相后，去除了花心卒的暗根，使远在敌境的红车由没捉过河卒到捉过河卒，判"捉"。

黑方车 2 退 1，下一着车 2 平 4 将死红方，判"杀"。

本例红方一捉车一捉无根子，黑方长杀，双方均属禁止着法，按现行的"11 版规则"裁决：双方不变作和。

2. 逐着定性要去伪存真

有些着法的走子性质，如不深入地分析，会被其表面上的假象所迷惑，只有经过仔细地推敲之后，才能去伪存真。

局例一

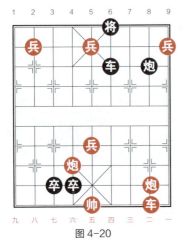

① 车二平三（杀）
炮 8 平 7（拦）
② 车三平二（杀）
炮 7 平 8（捉）

图 4-20

如图 4-20，选自 2011 年北京市象棋裁判员培训班考试试题。

红方车二平三，下一着车三进九将死黑方，判"杀"。

黑方炮 8 平 7，判"拦"。

红方车三平二，藏身于炮后，如不深入地分析，会被其表面上的假象所迷惑而错判成"闲"，仔细分析后会发现，红方车三平二后，下一着炮二平四，车 4 进 6，车二进九，炮 7 退 2，车二平三将死黑方，应判"杀"。

黑方炮 7 平 8 捉车，判"捉"。

本例红方长杀属禁止着法，黑方一闲一捉属允许着法，按现行的"11 版规则"裁决：红方变着，不变作负。

局例二

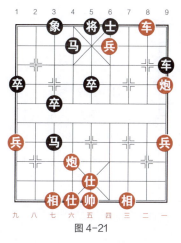

图4-21

① 炮一平三（杀）
　车9平7（捉）
② 炮三平一（闲）
　车7平9（捉）

如图4-21，红方炮一平三，容易被人判成是要抽吃子，其实这是一种假象，红方炮一平三的真实目的是在下一着平车砍士，待黑马吃车后进炮闷杀，判"杀"。

黑方车9平7捉红炮，判"捉"。

红方炮三平一，判"闲"。

黑方车7平9捉炮，判"捉"。

本例红方一杀一闲属允许着法，黑方长捉属禁止着法，按现行的"11版规则"裁决：黑方变着，不变作负。

局例三

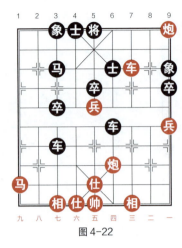

① 炮四平五（捉）
将 5 平 6（闲）
② 炮五平四（捉）
将 6 平 5（闲）

图 4-22

如图 4-22，红方炮四平五，容易被误判成是进兵吃卒，从而构不成捉，这是一种假象。其实红方下一着不走兵五进一，而走兵五平四闪兵将军，黑方象 3 进 5，则车三平四净吃一士，判"捉"。

黑方将 5 平 6，判"闲"。

红方炮五平四，走子后能够造成下一着平车杀士将军并抽吃黑车，判"捉"。

黑方将 6 平 5，判"闲"。

本例红方长捉属禁止着法，黑方两闲属允许着法，按现行的"11 版规则"裁决：红方变着，不变作负。

局例四

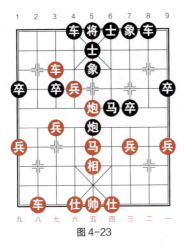

图4-23

① 车七平六（兑）
车4平3（捉）
② 车六平七（杀）
车3平4（捉）

如图4-23，选自2010年全国象棋锦标赛（个人），第4轮王斌与汪洋弈战形成的待判局面。

红方车七平六，黑车吃去红车后不致立即被将死或在子力价值上遭受损失，符合"兑"的术语解释，判"兑"。

黑方车4平3，表面上是避兑，其实暗伏马6进5，炮五退二，士5进4，兵六进一的手段，黑方用一马一士换取红方一马一车，构成得子，判"捉"。

红方车六平七，表面上是送吃，黑车一旦吃去红车后，会立即被将死，判"杀"。

黑方车3平4捉兵，判"捉"。

本例红方一兑一杀属允许着法，黑方长捉属禁止着法，按现行的"11版规则"裁决：黑方变着，不变作负。

3. 逐着定性要明察秋毫

有些着法的走子性质,虽不太深奥,却往往有令人不易察觉之处,如果走马观花会造成错判。临场裁判员一定要沉着、冷静,善于从错综复杂的局势中抓住主要矛盾,以敏锐的目光,察觉到细微之处,练就一身明察秋毫的基本功。

局例一

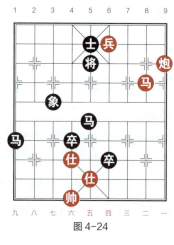

① 马二退四(将)
将5平4(闲)
② 马四进二(捉)
将4平5(杀)

图4-24

如图 4-24,红方马二退四,直接攻击黑将,判"将"。黑方将5平4,动将应将,判"闲"。

红方马四进二,需要细算,冷眼一瞧,马四进二后,虽有马后炮的攻势,但黑方可退中象化解,想要抽吃对方中马,又不敢马退象脚,推算至此,以为"山穷水尽"了。其实,以上对红方马四进二的推算,距成功只有一步之遥,善于观察的裁判员,一定会这样推算:马四进二下一着走,马二进四,象

3退5，马四退五，将4退1，马五进七，将4退1，马七进五得象，判"捉"。

黑方将4平5，下一着马1进2，帅六平五，马5进4，帅五平四，卒6进1将死红方，判"杀"。

本例红方一将一捉属禁止着法，黑方一闲一杀属允许着法，按现行的"11版规则"裁决：红方变着，不变作负。

局例二

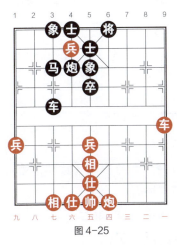

图4-25

① 车一进五（将）
　将6进1（闲）
② 车一退五（捉）
　将6退1（闲）

如图4-25，红方车一进五，直接攻击黑将，判"将"。

黑方将6进1，动将应将，判"闲"。

红方车一退五，形成要抽吃，冷眼一瞧黑方车、马、炮在其境内犹如铁桶一般，红车只能抽吃未过河的中卒，且还没有子力价值，似乎是"闲"。倘若认真观察后会发现：红方伏有车一平四，士5进6，车四平六，士6退5，仕五进四，士5进6，车六进三吃炮，判"捉"。

黑方将6退1，判"闲"。

本例红方一将一捉属禁止着法,黑方两闲属允许着法,按现行的"11版规则"裁决:红方变着,不变作负。

局例三

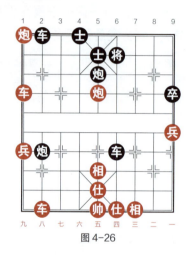

① 炮九退一(将)
将 6 退 1(闲)
② 炮九进一(闲)
将 6 进 1(捉)

图 4-26

图4-26,选自2013年4月广东象棋网《裁判天地》,赵东与项景林弈战形成的一则待判局面。

红方炮九退一,直接攻击黑将,判"将"。

黑方将6退1,动将应将,判"闲"。

红方炮九进一,看似有中炮捉士的棋,但吃士后会立即被黑方"铁门栓"杀,实际中炮属于不能离线子,判"闲"。

黑方将6进1,解除2路车拴绑,观察后会发现接下来伏有车6进3,仕五退四,炮2平5,相五退七,车2进9,通过完整互吃交换后黑方多得一仕,判"捉"。

本例红方一将一闲,黑方一闲一捉,双方均属允许着法,按现行的"11版规则"裁决:双方不变作和。

4. 逐着定性要精通条例

精通条例，就是逐条弄清各条款所规定的内容及应用范围。一个在象棋裁判领域内深有造诣的裁判员，除了要弄清各条款的概念外，还应了解各条款的来龙去脉，即了解每个条款的形成与发展，及其所适应的条件，又要受哪些条件制约。同时，还要掌握各条款之间的内在联系，明确在什么情况下使用哪一个条款去裁决是正确的，在什么条件下又不应使用哪个条款。这样才能在裁决每一着棋的走子性质时准确无误。

局例一

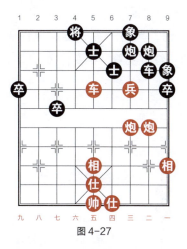

图 4-27

① 兵三平二（捉）
车 8 平 7（兑）
② 兵二平三（捉）
车 7 平 8（捉）

如图 4-27，红方兵三平二，既造成了兵本身在捉黑车，又给红炮作炮台，造成了红炮也在捉黑车。《棋例通则》第 26.1 款规定，兵（卒）本身允许长捉，兵本身捉黑车可以按"闲"处理；第 26.1.1 款又规定，兵（卒）走动后其他子产生新的捉，为"捉"；我们认为红炮捉车是其他子产生新的捉，应当按"捉"裁处。值得注意的是，裁决红方兵三平二走棋性质时务必要精通有关兵（卒）捉子的相关条款，这样，在裁决时才能做到心中有数。

同理，续着红方兵二平三与兵三平二性质一样，判"捉"。

黑方车8平7，黑方车炮与红炮接触，红炮有相为根，黑车本身对其无捉，这时我们需要依据《棋例通则》第26.11.2款，被接触的马（炮）有根，且主动接受邀兑后其"根"无损失，判黑方车8平7为"兑"。

续着黑方车7平8，同样黑方车炮与红炮接触，但这时红炮没有根，黑车本身对它有捉，这时我们则需要依据《棋例通则》第26.11.1款，被接触的马（炮）无根，则车方按"捉"处理的规定，判黑方车7平8为"捉"。

本例红方长捉属禁止着法，黑方一兑一捉属允许着法，按现行的"11版规则"裁决：红方变着，不变作负。

局例二

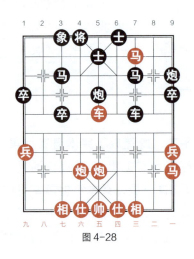

① 车五退一（捉）
车7进1（捉）
② 车五进一（闲）
车7退1（捉）

图4-28

如图 4-28，红方车五退一是捉还是闲？首先，确定走子后双炮之间没有兑的关系，黑方倘若贸然用黑炮去吃红炮，会立即被杀；其次，具有棋力基本功的人不难看出，红方退车后，下一着炮五进四，马 7 进 5，车五平六，马 5 退 4，炮六进六多得一马，判"捉"。

黑方车 7 进 1，捉失去离线自由的红车，判"捉"。

红方车五进一，下一着炮五进四，马 7 进 5，车五平六，马 5 退 4，车六平七，马 4 进 5，只抽吃到未过河的卒，构不成得子，判"闲"。值得说明的是，盘面上存在的三路马捉炮与车五进一无关。

黑方车 7 退 1 捉车，判"捉"。

裁决本例要求裁判员必须精通关于兑、捉、闲性质判定的多个条款，才能驾轻就熟，精准裁决。

本例红方一捉一闲属允许着法，黑方长捉属禁止着法，按现行的"11 版规则"裁决：黑方变着，不变作负。

局例三

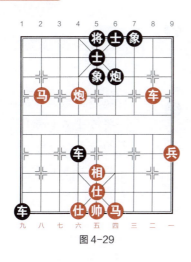

图 4-29

① 马八进七（将）
将 5 平 4（闲）
② 马七退八（捉）
将 4 平 5（闲）

如图 4-29，红方马八进七，直接攻击黑将，判"将"。

黑方将 5 平 4，动将应将，判"闲"。

红方马七退八，若不精通条例易误判为杀，其实红方只想用相对子力价值较小的炮去交换对方子力价值较大的车，试演如下：马八进六，车 4 退 3，马六进八，将 4 平 5，车二平六，判"捉"。

黑方将 4 平 5，判"闲"。

本例红方一将一捉属禁止着法，黑方两闲属允许着法，按现行的"11 版规则"裁决：红方变着，不变作负。

5. 逐着定性要增长棋力

棋力的强与弱，直接关系到棋例裁决的准确性。因为有些待判局面中着法非常深奥，需要往后推算十几步才能见分晓。因此，一个优秀裁判员必须努力增强自己的棋力，才能胜任裁判工作。

🔲 局 例 一

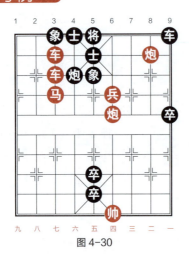

① 炮四平五（杀）
　将 5 平 6（闲）
② 炮五平四（将）
　将 6 平 5（闲）

图 4-30

如图 4-30，红方炮四平五，下一着前车平五，士 4 进 5，车七进二，炮 4 退 2，车七平六，将 5 平 4，马七进八，将 4 平 5，马八退六，将 5 平 6，炮五平四，士 5 进 6，兵四进一将死黑方，判"杀"。在短暂的几分钟停钟时间里，只有棋力强的高水平裁判员，才能推算出红方勇弃双车，七步连将杀死黑棋。

黑方将 5 平 6，判"闲"。

红方炮五平四，直接攻击黑将，判"将"。

黑方将 6 平 5，判"闲"。

本例红方一杀一将属禁止着法，黑方两闲属允许着法，按现行的"11 版规则"裁决：红方变着，不变作负。

局例二

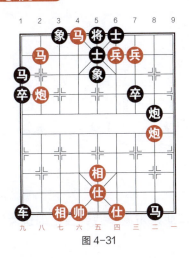

图 4-31

① 炮二平五（杀）
　炮 8 平 5（闲）
② 炮五平二（杀）
　炮 5 平 8（闲）

如图 4-31，红方炮二平五，下一着兵四进一，将 5 平 6，兵三平四，将 6 平 5，兵四平五，将 5 平 6，兵五平四将死黑方，判"杀"。棋力强的裁判员还可找到另一条杀路，即红方

第四章　棋例裁决程序

下一着能够马八退六,将5平4,炮八平六成杀,并且这种杀法更为简捷。

黑方炮8平5,表面上造成捉中相,但黑炮却不敢去吃,一旦以炮轰相,会被红方仍用上述杀法将死,所以炮8平5,判"闲"。

红方炮五平二,下一着沉底作闷宫杀,将死黑方,判"杀"。

黑方炮5平8,判"闲"。

本例红方长杀属禁止着法,黑方两闲属允许着法,按现行的"11版规则"裁决:红方变着,不变作负。

局例三

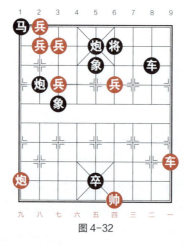

① 车一平二(捉)
　车8平9(杀)
② 车二平一(捉)
　车9平8(杀)

图 4-32

如图4-32,选自2010年北京市象棋裁判员培训班考试试题。

红方车一平二与车二平一是献还是捉,其关键在于黑车吃掉红车后,黑方是否会被将死,若被将死是捉,否则是献。

如黑方车8进5吃红车,则兵四进一,将6退1,兵四进一,将6平5,兵四进一,将5平4,前兵平七,象5退3,前兵进一,将4进1,炮九进七,马1进3,兵八平七,将4进1,后兵进一,将4平5,炮九退一,炮2退1,后兵平六将死黑方,历经连续10次将军,方能擒王,裁判员若没有较强的棋力是很难判准的。因此,红方车一平二与车二平一是长捉车。

黑方车8平9与车9平8避捉后,下一着沉底将死红方,是长杀。

本例红方长捉车,黑方长杀,双方均属禁止着法,按现行的"11版规则"裁决:双方不变作和。

局例四

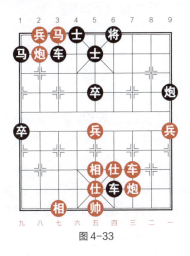

图4-33

① 炮八退七(捉)
  车3进7(捉)
② 炮八进七(杀)
  车3退7(闲)

如图4-33,红方炮八退七捉车,判"捉"。
黑方车3进7捉无根炮,判"捉"。
红方炮八进七,下一着车三进七将死黑方,判"杀"。

　　黑方车3退7，表面上是在捉红无根炮，但如果黑方车3平2吃去红方八路炮后，会被红方车三进七，将6进1，马七退六，士5进4，车七退一，将6退1，车三平八，车6平7，车八平九，通过完整的互吃交换后黑方用一车一马换取红方的一马双炮，双方在子力价值上损失相当，黑方并不构成得子，判"闲"。对于黑方车3退7走棋性质的裁定，裁判员若没有较强的棋力是很难一锤定音的。

　　本例红方一捉一杀属禁止着法，黑方一捉一闲属允许着法，按现行"11版规则"裁决：红方变着，不变作负。

三、综合归纳裁决

　　对待判局面的裁决，其结果只能有以下四种。

1. 单方面长将

　　在任何情况下，均不允许单方面长将。

　　2013年全国象棋甲级联赛《棋例裁决尺度参考》，规定了单方长将判负的统一标准：凡出现单方长将的循环局面（慢棋），只要棋手不要求裁决，裁判均不应介入或提示。凡一经要求裁决，受理后符合第23.5.1条款，则立即判负。在快棋赛中，因棋手不做记录，凡遇符合判负条款的情况（包括单方长将），裁判应立即主动介入，执行规则。

局例一

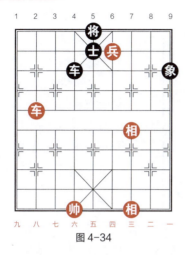

图 4-34

① 帅六平五（闲）
车 4 平 5（将）
② 帅五平六（闲）
车 5 平 4（将）

如图 4-34，选自 1965 年全国象棋个人锦标赛，杨官璘与胡荣华弈战形成的一则待判局面。

红方帅六平五，走动帅应将而产生的"杀"，判"闲"。

黑方车 4 平 5，直接攻击红帅，判"将"。

红方帅五平六，同样是走动帅应将而产生的"杀"，判"闲"。

黑方车 5 平 4，直接攻击红帅，判"将"。

本例黑方属单方面长将，按现行的"11 版规则"裁决：黑方单方面长将，立即作负。

局例二

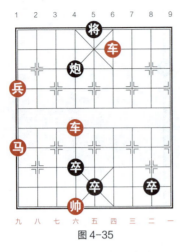

① 车四进一（将）
将 5 进 1（闲）
② 车四退一（将）
将 5 退 1（闲）

图 4-35

如图 4-35，选自 2014 年 2 月广东象棋网《裁判天地》，棋友赵小探提出的一则待判局面。

红方车四进一与车四退一，步步直接攻击黑将，为长将；黑方将 5 进 1 与将 5 退 1，动将应将，为两闲。

本例红方属单方面长将，按现行的"11 版规则"裁决：红方单方面长将，立即作负。

局例三

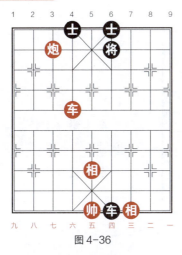

① 帅五进一（闲）
车6退1（将）
② 帅五退一（闲）
车6进1（将）

图4-36

如图4-36，选自2011年10月首届"辛集国际皮革城杯"全国象棋公开赛，玉晗辉与王斌弈战形成的待判局面。

红方帅五进一与帅五退一，动帅应将，均为闲；黑方车6退1与车6进1，步步攻击红帅，为长将。

本例按现行的"11版规则"裁决：黑方单方面长将，立即作负。

局例四

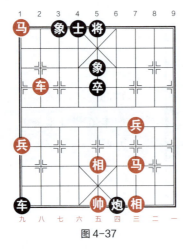

图 4-37

① 帅五进一（闲）
车 1 退 1（将）
② 帅五退一（闲）
车 1 进 1（将）

如图 4-37，选自山东省淄博市 1982 年象棋锦标赛。

当时在淄博有机化工厂工作的棋友孙兆俊，把这个待判局面寄给《北方棋艺》杂志编辑部，寄望于编辑部人员百忙之中作复。据孙兆俊信中说，黑方见大势已去，企图"长将不死赖和棋"，反复用车 1 退 1 与车 1 进 1 将军，坚持不肯变着。

本例按现行的"11 版规则"裁决：黑方单方长将，立即作负。

2. 双方均为允许着法

双方均为允许着法，双方不变作和。

局例一

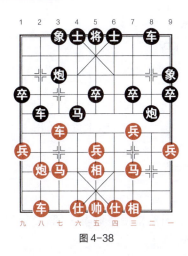

图 4-38

① 马七进六（闲）
炮 3 平 4（闲）
② 马六退七（捉）
炮 4 平 3（闲）

如图 4-38，选自 1992 年"华山棋王赛"，胡荣华与吕钦弈战中形成的待判局面。

红方马七进六，冷眼一瞧，可于下一着用车砍炮，再马踏河口车，看似像捉，但只要沉下心来，定会识破盲点，做出正确裁决。试演如下：车七进三，马 4 退 3，马六进八，马 3 进 2，红方以一车一马换取对方一炮一车，子力价值相当，不符合得子规定，因此，马七进六不是捉，判"闲"。

黑方炮 3 平 4，判"闲"。

红方马六退七，造成下一着红车净吃象，判"捉"。

黑方炮 4 平 3，判"闲"。

本例红方一闲一捉，黑方两闲，双方均属允许着法，按现行的"11版规则"裁决：双方不变作和。

局例二

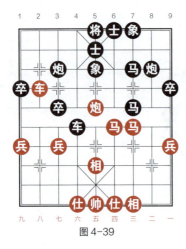

图 4-39

① 车八进三（将）
车 4 退 5（兑）
② 车八退三（闲）
车 4 进 5（闲）

图 4-39，选自 2003 年全国象棋甲级联赛，第 10 轮宇兵与黎德志弈战形成的一则待判局面。

红方车八进三，直接攻击黑将，判"将"。

黑方车 4 退 5，同兵种邀兑，红车吃去黑车后不致立即被将死或立即在子力价值上遭受损失，符合兑的术语解释，判"兑"。

红方车八退三，捉未过河卒，判"闲"。

黑方车 4 进 5，先入为主一看是捉马，然而黑方一旦用车吃去红马后，会被对方车八进三将死，判"闲"。

本例红方一将一闲，黑方一兑一闲，双方均属允许着法，按现行的"11版规则"裁决：双方不变作和。

局例三

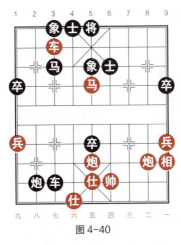

① 帅四退一（捉）
炮2进1（将）
② 帅四进一（闲）
炮2退1（闲）

图 4-40

如图 4-40，红方帅四退一，消除黑马的暗根，造成车马联合捉少根马，判"捉"。

黑方炮2进1，走炮直接攻击红帅，判"将"。

红方帅四进一，动帅应将，判"闲"。

黑方炮2退1，走炮为马生根的同时无子可抽，没有产生新的捉，判"闲"。

本例红方一捉一闲，黑方一将一闲，双方均属允许着法，按现行的"11版规则"裁决：双方不变作和。

局例四

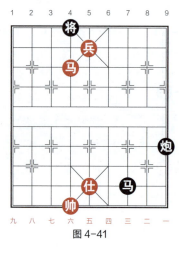

图4-41

① 仕五进六（杀）
　炮9平4（将）
② 仕六退五（闲）
　炮4平9（闲）

如图4-41，红方仕五进六，下一着马六进八将死黑方，判"杀"。

黑方炮9平4，直接攻击红帅，判"将"。

红方仕六退五，退仕应将与马六进八将死黑方无关联，判"闲"。

黑方炮4平9，判"闲"。

本例红方一杀一闲，黑方一将一闲，双方均属允许着法，按现行的"11版规则"裁决：双方不变作和。

3. 一方为禁止着法，另一方为允许着法

一方为禁止着法，另一方为允许着法，由前者变着。

局例一

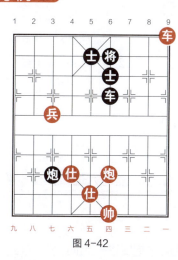

① 炮四退一（捉）
　炮3进1（捉）
② 炮四进一（闲）
　炮3退1（捉）

图4-42

如图4-42，红方炮四退一，伏车一退一，将6退1，车一平五，车炮联合捉士，判"捉"。

黑方炮3进1，捉不能离线的炮，判"捉"。

红方炮四进一，判"闲"。

黑方炮3退1，同样是车炮捉少根炮，判"捉"。

本例红方一捉一闲属允许着法，黑方长捉属禁止着法，按现行的"11版规则"裁决：黑方变着，不变作负。

局例二

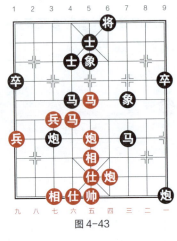
图4-43

① 炮四进一（捉）
马7进8（闲）
② 炮四退一（捉）
马8退7（捉）

如图4-43，红方炮四进一，下一着马六进四，将6平5，马五进六抽吃黑士，判"捉"。

黑方马7进8，判"闲"。

红方炮四退一，其走子性质与炮四进一相同，判"捉"。

黑方马8退7捉无根炮，判"捉"。

本例红方长捉属禁止着法，黑方一闲一捉属允许着法，按现行的"11版规则"裁决：红方变着，不变作负。

局例三

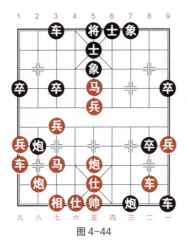

① 车二平一（兑）
车9平8（捉）
② 车一平二（兑）
车8平9（捉）

图 4-44

如图 4-44，选自 2011 年 10 月首届"辛集国际皮革城"全国象棋公开赛，李锦林与张伟弈战形成的待判局面。

红方车二平一和车一平二连续不停邀兑黑车，符合"兑"的术语解释，为长兑；黑方车 9 平 8 和车 8 平 9，走子后比走子前均能够多吃一仕，为长捉。

本例红方长兑属允许着法，黑方长捉属禁止着法，按现行的"11 版规则"裁决：黑方变着，不变作负。

局例四

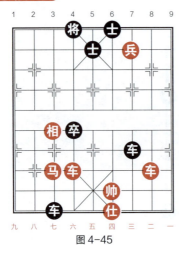

图 4-45

① 车二平三（兑）
  车 7 平 8（捉）
② 车三平二（兑）
  车 8 平 7（捉）

如图 4-45，红方车二平三与车三平二，同兵种邀兑，黑车吃去红车后不致立即被将死或立即在子力价值上遭受损失，符合"兑"的术语解释，均为"兑"。

黑方车 7 平 8，伏车 8 进 2，帅四进一，车 3 平 6 吃仕，判"捉"；续着黑方车 8 平 7 捉过河兵，判"捉"。

本例红方长兑属允许着法，黑方长捉属禁止着法，按现行的"11 版规则"裁决：黑方变着，不变作负。

4. 双方均为禁止着法

(1) 双方均为长将,双方不变作和

局例一

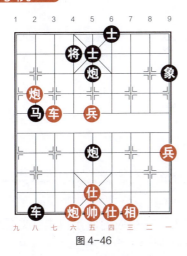

① 仕五进六(将)
　前炮平4(将)
② 仕六退五(将)
　炮4平5(将)

图 4-46

如图 4-46,选自 1991 年首届"企业家杯"全国象棋邀请赛,岳居珠与王凤海对阵时形成的待判局面。

双方在循环反复中所走出的每步棋,都是在将军,双方均为长将,俗称"长生和"。

本例双方均属长将,按现行的"11 版规则"裁决:双方不变作和。

局例二

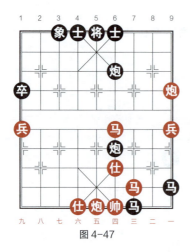

① 仕四退五（将）
前炮平5（将）
② 仕五进四（将）
炮5平6（将）

图 4-47

如图 4-47，选自北京象棋图书作家徐善瑶与友人弈战形成的一则待判局面。

红方仕四退五与仕五进四，在相应的两步棋中红方反复用退仕、进仕变换炮台，造成底炮直接攻击黑将，为长将。

黑方前炮平5与炮5平6，在相应的两步棋中黑方反复移动前炮造成后炮与前炮交替直接攻击红帅，也是长将。

按现行的"11版规则"裁决：双方均属长将，不变作和。

（2）双方均为禁止着法中性质较重的第一类

长杀、一将一杀、长捉车、长捉无根子、一将（杀）一捉车（无根子）、一捉车一捉无根子，为禁止着法中的第一类性质。

双方均为禁止着法中性质较重的第一类，双方不变作和。

局例一

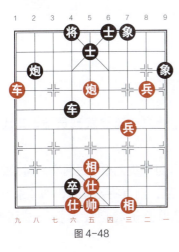

① 车九平八（捉）
炮2平1（杀）
② 车八平九（捉）
炮1平2（杀）

图4-48

如图4-48，选自2011年10月首届"辛集国际皮革城"全国象棋公开赛，蒋皓与宿少峰弈战形成的待判局面。

红方车九平八和车八平九，均为长捉无根炮，是长捉。

黑方炮2平1，下一着炮1进7，车八退六，卒4进1，仕五退六，车4进5，帅五进一，车4退1将死红方，判"杀"；续着黑方炮1平2，下一着炮2进7将死红方，判"杀"。

本例红方长捉无根子，黑方长杀，双方均属禁止着法中的第一类性质，按现行的"11版规则"裁决：双方不变作和。

局例二

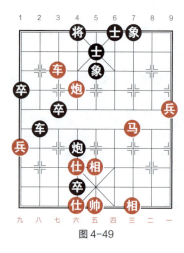

图 4-49

① 仕六退五（捉）
   炮 4 平 2（杀）
② 仕五进六（捉）
   炮 2 平 4（杀）

如图 4-49，选自 2010 年北京市象棋裁判员培训班考试试题。

红方仕六退五，造成相关子红炮捉无根子过河卒，判"捉"。

黑方炮 4 平 2，下一着沉底，闷宫将死红方，判"杀"。

红方仕五进六，又造成相关子红炮捉无根子过河卒，判"捉"。

黑方炮 2 平 4，下一着卒 4 进 1，帅五平四，车 2 平 6，马三退四，车 6 进 2 将死红方，判"杀"。

本例红方长捉无根子，黑方长杀，双方均属禁止着法中的第一类性质，按现行的"11 版规则"裁决：双方不变作和。

局例三

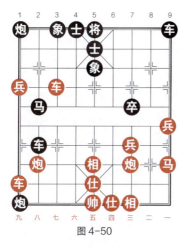

图 4-50

① 兵九平八（捉）
　马 2 进 1（捉）
② 兵八平九（捉）
　马 1 退 2（捉）

如图 4-50，选自 2010 年全国体育大会象棋赛，专业女子组第 4 轮王琳娜与陈丽淳弈战形成的待判局面。

红方兵九平八，伏车九退一或车九进八吃无根子黑炮，判"捉"。

黑方马 2 进 1，造成相关子黑炮捉车，判"捉"。

红方兵八平九，造成相关子红车捉无根炮，判"捉"。

黑方马 1 退 2，造成相关子黑炮捉车，判"捉"。

本例红方长捉无根子，黑方长捉车，双方均属禁止着法中的第一类性质，按现行的"11 版规则"裁决：双方不变作和。

局例四

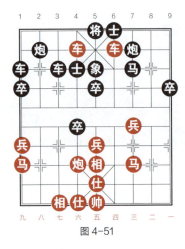

图 4-51

① 车四退一（捉）
  士6进5（捉）
② 车四进一（捉）
  士5退6（捉）

如图 4-51，红方车四退一捉无根马的同时，红六路车也在捉无根炮，判"捉"。

黑方士6进5，捉红四路车的同时还伏有黑7路炮对红六路车的捉，判"捉"。

红方车四进一捉无根炮，判"捉"。

黑方士5退6，分别造成黑2路炮对红四路车的捉及黑7路炮对红六路车的捉，判"捉"。

本例红方长捉无根子，黑方长捉车，双方均属禁止着法中的第一类性质，按现行的"11版规则"裁决：双方不变作和。

局例五

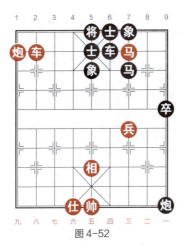

图 4-52

① 车八进一（将）
　士 5 退 4（捉）
② 车八退一（捉）
　士 4 进 5（捉）

如图 4-52，红方车八进一，直接攻击黑将，判"将"。

黑方士 5 退 4，造成车 6 平 7 捉无根马，判"捉"。

红方车八退一，捉黑方不能离线的 6 路车，判"捉"。

黑方士 4 进 5，又造成车 6 平 7 捉无根马，判"捉"。

本例红方一将一捉车，黑方长捉无根子，双方均属禁止着法中的第一类性质，按现行的"11 版规则"裁决：双方不变作和。

局例六

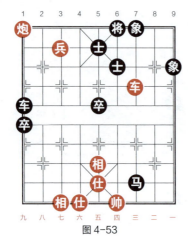

① 炮九平八（杀）
　车1平2（捉）
② 炮八平九（捉）
　车2平1（捉）

图 4-53

如图 4-53，红方炮九平八，下一着兵七进一，士 5 退 4，兵七平六，将 6 进 1，车三进二，将死黑方，判"杀"。

黑方车 1 平 2 捉无根炮，判"捉"。

红方炮八平九，伏兵七进一，车 2 退 4，兵七平八，兵吃子时产生炮将军，判"捉"。

黑方车 2 平 1 捉无根炮，判"捉"。

本例红方一杀一捉车，黑方长捉无根子，双方均属禁止着法中的第一类性质，按现行的"11 版规则"裁决：双方不变作和。

局例七

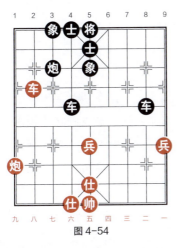

图 4-54

① 车八平七（捉）
　炮 3 平 2（捉）
② 车七平八（捉）
　炮 2 平 3（杀）

如图 4-54，红方车八平七捉无根炮，判"捉"。

黑方炮 3 平 2，伏炮 2 进 7，车七退六，车 8 进 5，仕五退四，车 4 进 5，帅五进一，车 4 平 3 吃车，判"捉"。

红方车七平八，捉无根炮，判"捉"。

黑方炮 2 平 3，下一着炮 3 进 7 将死红方，判"杀"。

本例红方长捉无根子，黑方一捉车一杀，双方均属禁止着法中的第一类性质，按现行的"11 版规则"裁决：双方不变作和。

局例八

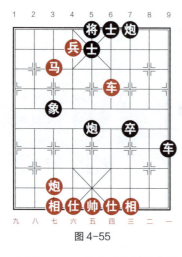

图 4-55

① 车四平三（捉）
    卒 7 平 6（捉）
② 车三平四（捉）
    卒 6 平 7（捉）

如图 4-55，红方车四平三捉无根过河卒，判"捉"。

黑方卒 7 平 6，伏车 9 平 5，仕四进五，车 5 平 7，仕五退四，车 7 退 3 吃车，判"捉"。

红方车三平四捉无根过河卒，判"捉"。

黑方卒 6 平 7，造成 7 路炮捉无根相，判"捉"。

本例红方长捉无根子，黑方一捉车一捉无根子，双方均属禁止着法中的第一类性质，按现行的"11 版规则"裁决：双方不变作和。

局例九

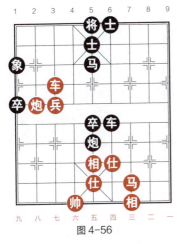

图4-56

① 车七平九（捉）
马5退3（捉）
② 车九平七（捉）
马3进5（捉）

如图4-56，红方车七平九，捉无根象，判"捉"。

黑方马5退3，走子前吃兵丢马，试演如下：象1进3，车九进三，士5退4，炮八进四，将5进1，车九退一，马5退3，车九平七吃马。走子后能够净吃过河兵，判"捉"。

红方车九平七，捉无根马，判"捉"。

黑方马3进5捉车，判"捉"。

本例红方长捉无根子，黑方一捉无根子一捉车，双方均为禁止着法中的第一类性质，按现行的"11版规则"裁决：双方不变作和。

局例十

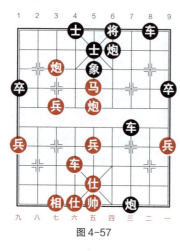

① 车六平四（捉）
　士5进6（捉）
② 车四平六（杀）
　士6退5（杀）

图4-57

如图4-57，选自2010年北京市象棋裁判员培训班考试试题。

红方车六平四，下一着能够炮七进二，象5退3，车四进六，将6平5，马五进三，士5进6，马三进二得车，判"捉"。

黑方士5进6捉车，判"捉"。

红方车四平六，下一着车六进七吃士将死黑方，判"杀"。

黑方士6退5，下一着炮6进8将死红方，判"杀"。

本例红方一捉车一杀，黑方亦是一捉车一杀，双方均属禁止着法中的第一类性质，按现行的"11版规则"裁决：双方不变作和。

（3）双方均为禁止着法中性质较轻的第二类

除长将、长杀、一将一杀、长捉车、长捉无根子、一将（杀）一捉车（无根子）、一捉车一捉无根子以外的禁止着法，即为禁止着法中性质较轻的第二类性质。

禁止着法中性质较轻的第二类性质主要类型是联合捉子与捉少根子。

双方均为禁止着法中性质较轻的第二类，双方不变作和。

局例一

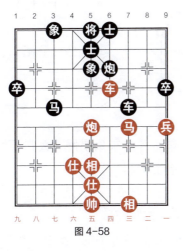

① 炮五进一（捉）
  马 3 进 4（捉）
② 炮五退一（捉）
  马 4 退 3（捉）

图 4-58

如图 4-58，红方炮五进一，伏车四进一，车 7 平 5，马三进五，士 5 进 6，马五进四交换得士，判"捉"。

黑方马 3 进 4 捉少根炮，判"捉"。

红方炮五退一，走子前红车吃黑炮要丢炮，走子后红车可以无偿吃炮，判"捉"。

黑方马 4 退 3 捉无根炮，判"捉"。

本例红方长联合捉子，黑方一捉少根子一捉无根子，双方均属禁止着法中的第二类性质,按现行的"11 版规则"裁决:双方不变作和。

局例二

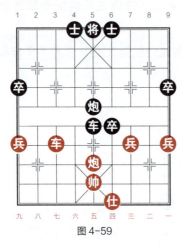

① 车七进一(捉)
车 5 进 1(捉)
② 车七退一(捉)
车 5 退 1(捉)

图 4-59

如图 4-59,选自 2013 年 1 月广东象棋网《裁判天地》,棋友研讨棋例时提出的一则待判局面。

红方车七进一,伏车七平五,卒 6 平 5,炮五进三,完整互吃交换后红方多得一炮,判"捉"。

黑方车 5 进 1,联合黑炮捉中炮,走子后能够吃炮,判"捉"。

红方车七退一捉不能离线的车,判"捉"。

黑方车 5 退 1,其走子性质与车 5 进 1 相同,判"捉"。

本例红方一联合捉子一捉车,黑方长联合捉子,双方均属禁止着法中的第二类性质,按现行的"11 版规则"裁决:双方不变作和。

局例三

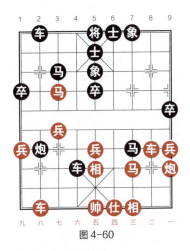

图4-60

① 马七进九（捉）
车2进4（捉）
② 马九退七（捉）
车2退4（捉）

如图4-60，选自2013年山东省日照市象棋赛，郏太君对张家代在对弈中形成的待判局面。

红方马七进九捉车，判"捉"。

黑方车2进4，造成下一着马7进5借炮吃相，判"捉"。

红马九退七，造成车二平三捉少根马，判"捉"。

黑车2退4，又造成马7进5借炮捉相，判"捉"。

本例红方一捉车一捉少根马，黑方长联合捉子，双方均为禁止着法中的第二类性质，按现行的"11版规则"裁决：双方不变作和。

（4）双方均为禁止着法，由一方变着的特殊判罚

详见本书第十章《象棋竞赛规则2011》棋例新特色。

第五章　得子反为闲的特例

捉与闲是一对矛盾对立的孪生兄弟，待判局面中，有些着法的走子性质明明已经符合了得子规定，却偏偏要按"闲"去处理。这究竟是什么原因呢？

这主要是因为在《棋例通则》及《棋例细则》中，对行棋着法的走子性质另有相应的特殊规定，也就是在矛盾之中还存在着特殊情况，特殊情况要特殊处理！

此外，判断一着棋是不是捉，除要符合得子规定外，还要符合捉的一些基本原则。

以下列举五种均属于符合得子规定，却不能按"捉"裁决的类型。

一、离线断根

1. 自己离线断根将军

做根子自己离线断根将军，造成被保护的子失根被捉，责任自负。

局例一

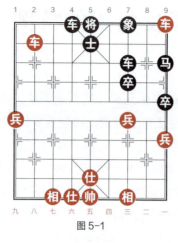

① 仕五退四（捉）
车7平5（将）
② 仕四进五（闲）
车5平7（闲）

图 5-1

如图 5-1，选自 2013 年 11 月辽宁网络棋牌频道论坛《裁判世界》，棋友王桂琴提出的一则待判局面。

红方仕五退四，走子后造成红车（其他子）能吃士，判"捉"。

黑方车 7 平 5，直接攻击红帅，判"将"。

红方仕四进五，盘面上存在的底车捉象，系黑车自己离线将军造成被保护的 7 路象失根，责任自负，判"闲"。

黑方车 5 平 7，判"闲"。

本例红方一捉一闲，黑方一将一闲，双方均为允许着法，按现行的"11 版规则"裁决：双方不变作和。

第五章 得子反为闲的特例

局例二

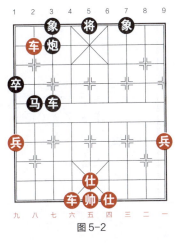

图 5-2

① 车六进八（捉）
车 3 进 5（将）
② 车六退八（兑）
车 3 退 5（闲）

如图 5-2，红方车六进八捉少根子炮，判"捉"。

黑方车 3 进 5，直接攻击红帅，判"将"。

红方车六退八，同兵种邀兑，黑车吃去红车后不致立即被将死或立即在子力价值上遭受损失，符合"兑"的术语解释，判"兑"。同时黑方 2 路马被红方八路车捉，是上一着做根子黑车主动断根离线将军，造成被保护的黑马失根被捉，责任自负。

黑方车 3 退 5，判"闲"。

本例红方一捉一兑，黑方一将一闲，双方均属允许着法，按现行的"11 版规则"裁决：双方不变作和。

局例三

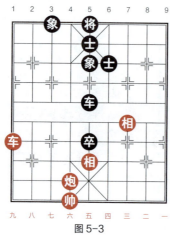

图 5-3

① 炮六平五（捉）
车 5 平 4（将）
② 炮五平六（闲）
车 4 平 5（闲）

如图 5-3，红方炮六平五，车炮同时捉少根过河卒，判"捉"。黑方车 5 平 4，直接攻击红帅，判"将"。

红方炮五平六，走炮应将未产生新"捉"，黑卒遭车捉是因为上一着黑车离线将军造成的，不予考虑，判"闲"。

黑方车 4 平 5，为卒生根，判"闲"。

本例红方一捉一闲，黑方一将一闲，双方均为允许着法，按现行的"11 版规则"裁决：双方不变作和。

2. 自己离线断根应将

做根子自己离线断根应将,造成被保护的子失根被捉,责任自负。

局例

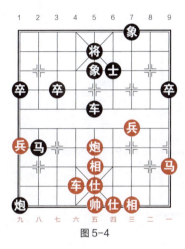

① 车六进二（捉）
马2进3（将）
② 车六退二（捉）
马3退2（闲）

图 5-4

如图 5-4,选自 2012 年朱宝位先生提出的一则待判局面。

红方车六进二捉马,判"捉"。

黑方马2进3,直接攻击红帅,判"将"。

红方车六退二捉马,判"捉"。

黑方马3退2,盘面上存在的黑车捉炮与马3退2没有关联,是红车自己离线断根应将造成被保护的中炮失根,责任自负,判"闲"。

本例红方长捉属禁止着法,黑方一将一闲属允许着法,按现行的"11版规则"裁决:红方变着,不变作负。

二、吃子结果相同

走之前甲就能吃到乙，走之后甲仍能吃到乙，吃子的子与吃子的结果均相同，无变化，按"闲"处理。

局例一

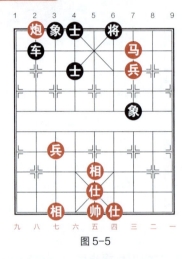

① 炮八平九（闲）
车 2 平 1（捉）
② 炮九平八（闲）
车 1 平 2（捉）

图 5-5

如图 5-5，选自新疆乌鲁木齐象棋锦标赛。

红方炮八平九与炮九平八，走子前后均存在捉士，走子后与走子前相比较，吃子的结果相同，均按"闲"处理；黑方车 2 平 1 与车 1 平 2 步步追捉无根炮，是长捉。

本例红方两闲属允许着法，黑方长捉属禁止着法，按现行的"11 版规则"裁决：黑方变着，不变作负。

局例二

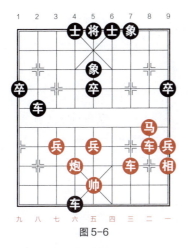

图 5-6

① 炮六平八（拦）
  车 2 平 4（捉）
② 炮八平六（献）
  后车平 2（闲）

如图 5-6，选自 2013 年 12 月国家级象棋裁判培训群，棋友提出的一则待判局面。

红方炮六平八拦车，判"拦"。

黑方车 2 平 4，伏后车进 4，帅五进一，后车退 1，帅五退一，后车平 7 得车，判"捉"。

红方炮八平六，判"献"。

黑方后车平 2，走子前就可用一车换红方一车一炮，平车后吃子的结果没有变化，判"闲"。

本例红方一拦一献，黑方一捉一闲，双方均属允许着法，按现行的"11 版规则"裁决：双方不变作和。

局例三

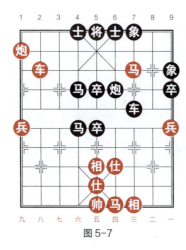

① 车八平七（闲）
后马进2（捉）
② 车七平八（捉）
马2退4（捉）

图 5-7

如图 5-7，红方车八平七，走子前与走子后都可以通过将军吃士，吃子的结果相同，判"闲"。

黑方后马进2捉车，判"捉"。

红方车七平八，伏下一着炮九进一，士4进5，车八进二，士5退4，车八退四吃马，判"捉"。

黑方马2退4捉车，判"捉"。

本例红方一闲一捉属允许着法，黑方长捉属禁止着法，按现行的"11版规则"裁决：黑方变着，不变作负。

三、附带产生的捉士(仕)象(相)

棋例向棋理逐渐靠拢是象棋规则的改革方向之一。

"11版规则"规定,守和方只有一个进攻子力时,占据守和要点,附带产生的捉士(仕)象(相),按"闲"处理。

局例一

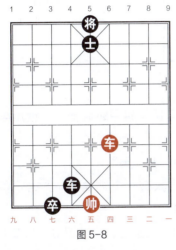

① 车四平五(闲)
   将5平6(杀)
② 车五平六(将)
   将6平5(闲)

图5-8

如图5-8,选自2013年6月广东象棋网《裁判天地》,棋友提出的一则待判局面。

红方车四平五捉士,然因红方只有一个进攻子,且占据守和要点,附带产生的捉士,判"闲"。

黑方将5平6,下一着卒3平4将死红方,判"杀"。

红方车五平四,直接攻击黑将,判"将"。

黑方将6平5,动将应将,判"闲"。

本例红方一闲一将,黑方一杀一闲,双方均属允许着法,按现行的"11版规则"裁决:双方不变作和。

局例二

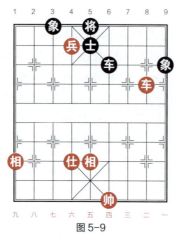

① 帅四平五（闲）
车 6 平 5（闲）
② 帅五平四（杀）
车 5 平 6（将）

图 5-9

如图 5-9，选自 2012 年全国象棋甲级联赛，许银川与徐超弈战形成的一则待判局面。

红方帅四平五，动帅应将，判"闲"。

黑方车 6 平 5 捉相，黑方只有一个进攻子，占据守和要点，附带产生捉中相，判"闲"。

红方帅五平四，下一着起车二进三，士 5 退 6，车二平四将死黑方，判"杀"。

黑方车 5 平 6，直接攻击红帅，判"将"。

本例红方一闲一杀，黑方一闲一将，双方均属允许着法，按现行的"11 版规则"裁决：双方不变作和。

局例三

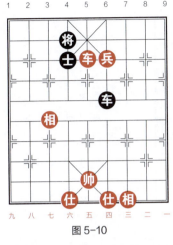

图 5-10

① 帅五平六（杀）
车 6 平 4（将）
② 帅六平五（闲）
车 4 平 6（闲）

如图 5-10，选自第七批象棋国家级裁判员棋例试题。

红方帅五平六，企图下一着车五平六，将 4 平 5，车六平五将死黑方，判"杀"。

黑方车 6 平 4，直接攻击红帅，判"将"。

红方帅六平五，动帅应将，判"闲"。

黑方车 4 平 6 捉仕，黑方只有一个进攻子，占据守和要点，附带产生的捉仕，按"闲"处理。

本例红方一杀一闲，黑方一将一闲，双方均属允许着法，按现行的"11 版规则"裁决：双方不变作和。

第五章　得子反为闲的特例

局例四

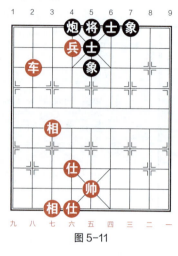

① 帅五退一（闲）
　炮4平3（闲）
② 帅五进一（闲）
　炮3平4（闲）

图 5-11

如图 5-11，选自 1989 年全国象棋锦标赛（团体），黄勇对廖二平弈战形成的待判局面。

红方帅五进一与帅五退一，均为"闲"。

黑方炮 4 平 3 与炮 3 平 4，只有一个进攻子力，占据守和要点，附带产生的捉仕相，均按"闲"处理。

本例双方都是两闲，均属允许着法，按现行的"11 版规则"裁决：双方不变作和。

四、原来的捉

一方走子前,甲子就有捉,如果所走动的乙子与甲子无关联,棋例裁决时切莫把甲子原来的捉也计算在子力价值的得失中。

局例一

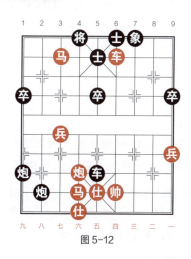

① 马七退五(捉)
　将4平5(闲)
② 马五进七(将)
　将5平4(闲)

图 5-12

如图 5-12,选自 1991 年全国象棋个人锦标赛,卜凤波与李来群弈战形成的一则待判局面。

红方马七退五,走子后破掉了黑双士的连环作用,造成其他子红车能吃 6 路士,判"捉"。

黑方将 4 平 5,平将入中与盘面上存在的黑方中车捉炮是无关联的两块棋,判"闲"。

红方马五进七,直接攻击黑将,判"将"。

黑方将 5 平 4,动将应将,判"闲"。

本例红方一捉一将属禁止着法,黑方两闲属允许着法,按现行的"11 版规则"裁决:红方变着,不变作负。

局例二

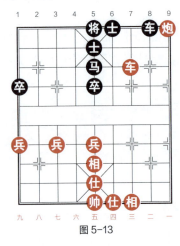

① 炮一退三（闲）
车8进3（捉）
② 炮一进三（将）
车8退3（捉）

图 5-13

如图 5-13，红方炮一退三，假如按照"捉"的术语解释去套，红方走子后能在下一着吃掉对方的黑马，似乎是捉了。很明显红方炮一退三之前就存在红车对黑马的捉，而且这个捉并不产生于刚走的炮一退三这着棋，换而言之，走动的红炮与盘面上存在的红车的捉是无关联的两块棋，判"闲"。

黑方车8进3捉无根炮，判"捉"。

红方炮一进三，直接攻击黑将，判"将"。

黑方车8退3捉无根炮判"捉"。

本例红方一闲一将属允许着法，黑方长捉属禁止着法，按现行的"11版规则"裁决：黑方变着，不变作负。

局例三

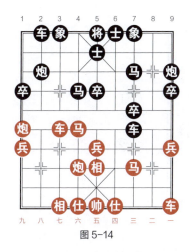

图 5-14

① 车七平八（闲）
马 4 进 2（捉）

② 车八平七（闲）
马 2 退 4（捉）

如图 5-14，红方车七平八，与相五进三吃车无关联，判"闲"。

黑方马 4 进 2，造成炮 2 进 3 吃车，判"捉"。

红方车八平七，又与相五进三吃车无关联，判"闲"。

黑方马 2 退 4 捉车，判"捉"。

本例红方两闲属允许着法，黑方长捉属禁止着法，按现行的"11 版规则"裁决：黑方变着，不变作负。

第五章 得子反为闲的特例

局例四

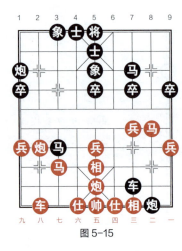

① 炮八退二（捉）
车7退2（闲）
② 炮八进二（闲）
车7进2（捉）

图 5-15

如图 5-15，选自 2008 年《棋艺》"答棋迷问"，棋友佟浩提出的一则待判局面。

红方炮八退二捉车，判"捉"。

黑方车 7 退 2，红方中相被捉是原来存在的，黑车的着法与该中相被捉没有直接的关联，凡无直接关联的子，在裁决中均不予考虑，判"闲"。

红方炮八进二，牵制黑马，使其不能离线吃相，判"闲"。

黑方车 7 进 2，走子前黑马捉红相虽然已经存在，只是不能吃，否则要丢车；走子后能够无偿吃相，判"捉"。

本例红方一捉一闲，黑方一闲一捉，双方均属允许着法，按现行的"11 版规则"裁决：双方不变作和。

五、被接触的马(炮)有根

1. 被接触的马(炮)有根,车对其无捉

车马(炮)同时与马(炮)产生接触,被接触的马(炮)有根,车对其无捉,按"兑"处理。

局例一

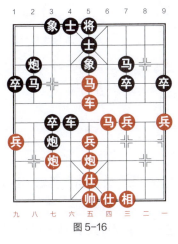

① 车五平四(捉)
   车4退2(兑)
② 车四平五(闲)
   车4进2(捉)

图 5-16

如图 5-16,选自 2005 年全国象棋个人锦标赛,第 5 轮赵国荣与闫文清弈战形成的一则待判局面。

红方车五平四,造成其他子中马捉车,判"捉"。

黑方车 4 退 2,车马同时与马产生接触,并没有改变黑马邀兑红马的关系,此刻应当优先考虑红马吃黑马,红方兑子后,不致立即被将死或立即在子力价值上遭受损失,符合兑的术语解释,判"兑"。

红方车四平五,判"闲"。

黑方车4进2捉马,判"捉"。

本例红方一捉一闲,黑方一兑一捉,双方均属允许着法,按现行的"11版规则"裁决:双方不变作和。

局例二

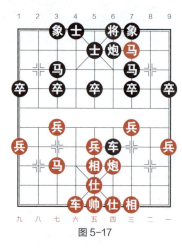

① 炮四平二(捉)
　车6平8(捉)
② 炮二平四(将)
　车8平6(兑)

图 5-17

如图5-17,选自2004年象棋国家级裁判员再培训进修班考试试题。

红方炮四平二,伏炮二进七,象7进9,马三退一得象,判"捉"。

黑方车6平8捉无根炮,判"捉"。

红方炮二平四,直接攻击黑将,判"将"。

黑方车8平6,车炮同时与炮产生接触,并没有改变黑炮邀兑红炮的关系,此刻应当优先考虑红炮吃黑炮,红方兑子后,不致立即被将死或立即在子力价值上遭受损失,符合"兑"的术语解释,判"兑"。

本例红方一捉一将属禁止着法，黑方一捉一兑属允许着法，按现行的"11版规则"裁决：红方变着，不变作负。

局例三

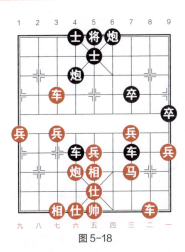

① 炮六平八（杀）
车 4 平 2（捉）
② 炮八平六（闲）
车 2 平 4（兑）

图 5-18

如图 5-18，红方炮六平八，下一着炮八进七将死黑方，判"杀"。

黑方车 4 平 2，捉无根炮，判"捉"。

红方炮八平六，判"闲"。

黑方车 2 平 4，车炮同时与炮产生接触，此刻应当优先考虑红炮吃黑炮，红方兑子后，不致立即被将死或立即在子力价值上遭受损失，符合"兑"的术语解释，判"兑"。

本例红方一杀一闲，黑方一捉一兑，双方均属允许着法，按现行的"11版规则"裁决：双方不变作和。

2. 被接触的马（炮）少根，车对其有捉

车马（炮）同时与马（炮）接触，被接触的马（炮）少根，车对其有捉，且主动接受邀兑后其"根"无损失，按"兑"处理。

局例一

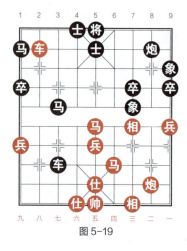

① 车八退三（兑）
炮8进3（兑）
② 车八进三（捉）
炮8退3（捉）

图 5-19

如图 5-19，选自 2012 年辽西象棋精英赛，霍钢与张洁永弈战形成的一则待判局面。

红方车八退三，车马同时与马产生接触，被接触的马少根，且车能吃马，黑方主动接受兑马后，其"根"（3 路车）无损失，判"兑"。

黑方炮 8 进 3，虽然伏有马 3 进 5 吃马，但依然没有改变两个马之间兑的关系，优先考虑红马吃黑马，红方兑子后，不致立即被将死或立即在子力价值上遭受损失，符合"兑"的术语解释，判"兑"。

红方车八进三捉马,判"捉"。

黑方炮8退3捉车,判"捉"。

本例双方都是一兑一捉,均属允许着法,按现行的"11版规则"裁决:双方不变作和。

局例二

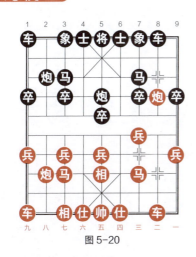

① 炮二进一(捉)
   炮5退1(兑)
② 炮二退一(闲)
   炮5进1(兑)

图 5-20

如图 5-20,选自 2011 年 10 月广东象棋网《裁判天地》,棋友研讨棋例中提出的一则待判局面。

红方炮二进一捉马,判"捉"。

黑方炮5退1,车炮同时与炮产生接触,被接触的红炮少根,且黑车能吃炮,红方主动接受兑炮后,其"根"(二路车)无损失,判"兑"。

红方炮二退一,判"闲"。

黑方炮5进1,其走棋性质与炮5退1相同,判"兑"。

本例红方一捉一闲,黑方长兑,双方均属允许着法,按现行的"11 版规则"裁决:双方不变作和。

第六章　不得子却为捉的特例

通常情况下，一方走子后不能得子大都判"闲"。但任何事物都没有绝对，在棋例裁决实践中经常遇有走子后虽然构不成得子，却还要按"捉"处理。之所以产生这类情况，是因为规则在《棋例通则》与《棋例细则》中对"捉"有些特殊规定。

高水平的象棋裁判员一定要熟悉规则，了解规则的每个章节，弄清和理解一些基本概念的内涵及其适用的特定条件，这样才能对棋例规则熟练掌握，融会贯通，运用自如。

下列三种情况，走子后虽然构不成得子，却要按"捉"处理。

一、做根子捉子

《棋例通则》第26.5款规定，做根子捉子，交换后价值相当或得子者，按"捉"处理。

近几年，全国象棋甲级联赛在有关棋例条款执裁统一标准尺度中规定，做根子捉子时，等值交换条款的要点为：除判捉外，特别注意的顺序是做根子"先吃"对方的子，再被对方吃掉保护的子时，判"捉"；反之，双方等值交换则为"闲"。

我们建议省、市级的象棋比赛也应该与全国象棋甲级联赛同步，执行这个规定。

1. 得马（炮）丢马（炮）

做根子捉马（炮），交换后得马（炮）丢马（炮），价值相当，按"捉"处理。

局例一

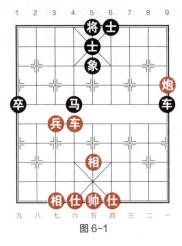

① 炮一平二（闲）
　车9平8（捉）
② 炮二平一（闲）
　车8平9（捉）

图6-1

如图6-1，选自1994年9月在丹东市举办的"一洲杯"全国象棋大奖赛赵庆阁与葛维蒲弈战形成的待判局面。

红方炮一平二与炮二平一避捉，均为"闲"；黑方车9平8与车8平9，用做根子黑车捉红炮，以马换炮价值相当，均按"捉"处理。

本例红方两闲属允许着法，黑方长捉属禁止着法，按现行的"11版规则"裁决：黑方变着，不变作负。

局例二

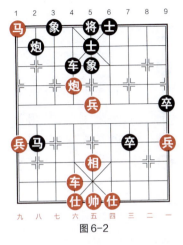

① 车六进二（捉）
马 2 进 3（将）
② 车六退二（捉）
马 3 退 2（闲）

图 6-2

如图 6-2，选自 1979 年 4 月于苏州举办的第四届全国运动会中国象棋预赛蒋志樑与蔡忠诚弈战形成的待判局面。

红方车六进二，伏车六平八，车 4 进 1，车八进五，红方多得一马，判"捉"。

黑方马 2 进 3，既直接攻击红帅，又攻击红车，从重判"将"。

红方车六退二，用做根子红车捉黑马，预计吃马丢炮价值相当，判"捉"。

黑方马 3 退 2，判"闲"。

本例红方长捉属禁止着法，黑方一将一闲属允许着法，按现行的"11 版规则"裁决：红方变着，不变作负。

局例三

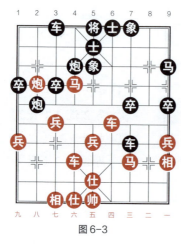

图6-3

① 车六平八（捉）
炮4平2（闲）
② 车八平六（闲）
后炮平4（捉）

如图6-3，选自2012年9月广东象棋网《裁判天地》，棋友朱希双提出的一则待判局面。

红方车六平八，用做根子红车捉炮，吃炮后要丢马，交换后价值相当，判"捉"。

黑方炮4平2，虽然伏有前炮平3叫杀得车的棋，但这是隔一步棋，不予考虑，判"闲"。

红方车八平六，判"闲"。

黑方后炮平4捉车，判"捉"。

本例红方一捉一闲，黑方一闲一捉，双方均属允许着法，按现行的"11版规则"裁决：双方不变作和。

局例四

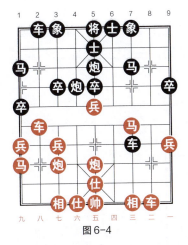

图6-4

① 车八平六（捉）
马1进2（捉）
② 车六平八（闲）
马2退1（兑）

如图6-4，选自2011年全国象棋个人赛，女子组第8轮章文彤与刘丽梅弈战形成的一则待判局面。

红方车八平六，用做根子红车捉炮，吃炮后要丢马，交换后价值相当，判"捉"。

黑方马1进2，既保炮又攻击红车，判"捉"。

红方车六平八，判"闲"。

黑方马2退1，同兵种邀兑，红方兑子后，不致立即被将死或立即在子力价值上遭受损失，判"兑"。

本例红方一捉一闲，黑方一捉一兑，双方均属允许着法，按现行的"11版规则"裁决：双方不变作和。

第六章 不得子却为捉的特例

2. 得马（炮）或仕（士）相（象）丢过河兵（卒）

做根子捉马（炮）、仕（士）、相（象），却要丢过河兵（卒），因过河兵（卒）价值浮动，按"捉"处理。

局例一

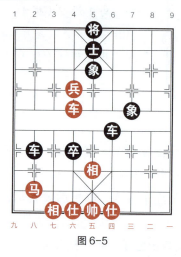

① 马八进六（捉）
车 2 平 3（闲）
② 马六退八（捉）
车 3 平 2（捉）

图 6-5

如图 6-5，选自 1987 年《中国象棋竞赛规则》。

红方马八进六捉车，尽管马送卒口，也判"捉"。

黑方车 2 平 3，判"闲"。

红方马六退八捉车，判"捉"。

黑方车 3 平 2，用做根子黑车捉马，交换后得马丢过河卒，过河卒价值浮动，属于价值相当，判"捉"。

本例红方长捉属禁止着法，黑方一闲一捉属允许着法，按现行的"11 版规则"裁决：红方变着，不变作负。

局例二

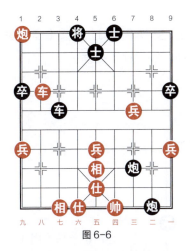

① 车八平六（将）
将4平5（闲）

② 车六平八（捉）
将5平4（捉）

图6-6

如图6-6，选自1991年全国象棋个人赛，高明海与赵国荣弈战形成的一则待判局面。

红方车八平六，直接攻击黑将，判"将"。

黑方将4平5，动将应将，判"闲"。

红方车六平八，伏车八进三，士5退4，炮九平六，车3平7，炮六平四，做根子（暗根）吃双士丢一过河兵，过河兵价值浮动，属于价值相当，判"捉"。

黑方将5平4，走子前黑车对过河兵无捉，若贸然吃兵，会被红方通过将军抽吃黑车；走子后消除了红兵的暗根，使红兵置于被捉状态，判"捉"。

本例红方一将一捉属禁止着法，黑方一闲一捉属允许着法，按现行的"11版规则"裁决：红方变着，不变作负。

3. 得过河兵（卒）丢马（炮）

做根子捉过河兵（卒），交换后得过河兵（卒）丢马（炮），过河兵（卒）价值浮动，按"捉"处理。

局例一

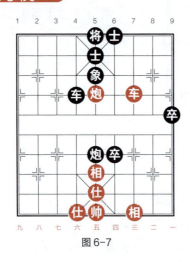

① 车三平四（捉）
   卒6平7（闲）
② 车四平三（捉）
   卒7平6（闲）

图6-7

如图6-7，选自2014年5月广东象棋网《裁判天地》，棋友研讨棋例时提出的一则待判局面。

红方车三平四与车四平三，用做根子红车捉过河卒，尽管吃卒后要丢炮，但过河卒价值浮动，属于价值相当，均判"捉"。

黑方卒6平7与卒7平6，反复移卒避捉，均判"闲"。

本例红方长捉属禁止着法，黑方两闲属允许着法，按现行的"11版规则"裁决：红方变着，不变作负。

局例二

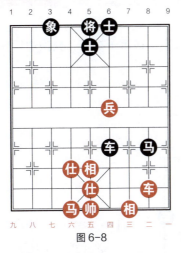

图 6-8

① 兵四平五（闲）
车 6 平 5（捉）
② 兵五平四（闲）
车 5 平 6（捉）

如图 6-8，选自 1981 年全国象棋个人锦标赛，陈孝堃与王嘉良弈战形成的一则待判局面。

红方兵四平五与兵五平四，反复移兵避捉，为两闲。

黑方车 6 平 5 与车 5 平 6，用做根子黑车捉过河兵，尽管吃兵后要丢马，但过河兵价值浮动，属于价值相当，为长捉。

本例红方两闲属允许着法，黑方长捉属禁止着法，按现行的"11 版规则"裁决：黑方变着，不变作负。

二、被牵子捉子

《棋例通则》第26.5款规定，被牵子捉子，交换后价值相当，按"捉"处理。

局例一

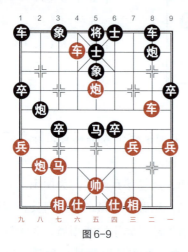

① 车六退一（闲）
  炮8进1（捉）
② 车六进一（闲）
  炮8退1（捉）

图6-9

如图6-9，选自1989年全国象棋锦标赛（个人），女子组第4轮张梅与韩冰弈战形成的待判局面。

红方车六退一与车六进一，均为"闲"。

黑方炮8进1与炮8退1，用被牵的黑炮捉对方的无根车，吃车后也要丢一车，但被牵子捉子，交换后价值相当，均按"捉"处理。

本例红方两闲属允许着法，黑方长捉属禁止着法，按现行的"11版规则"裁决：黑方变着，不变作负。

局例二

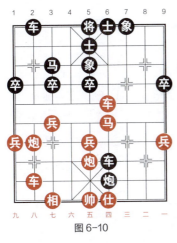

① 炮八退一（捉）
车6退1（捉）
② 炮八进一（捉）
车6进1（捉）

图6-10

如图6-10，选自1981年全国象棋团体锦标赛，卜凤波与于红木弈战形成的一则待判局面。

红方炮八退一与炮八进一，均用被牵子红炮捉对方的无根车，交换后价值相当，为长捉车。

黑方车6退1与车6进1，走子后均能与炮联合无偿吃红马，为长联合捉子。

本例红方长捉车属禁止着法中第一类性质，黑方长联合捉子属禁止着法中第二类性质，按现行的"11版规则"裁决：红方变着，不变作负。

局例三

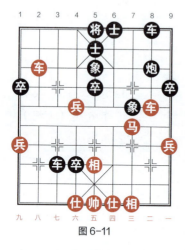

① 车八进二（将）
象5退3（闲）
② 车八退二（捉）
象3进5（捉）

图 6-11

如图 6-11，选自 1962 年全国象棋锦标赛，陈金盛与季本涵弈战形成的一则待判局面。

红方车八进二，直接攻击黑将，判"将"。

黑方象5退3，判"闲"。

红方车八退二捉炮，判"捉"。

黑方象3进5，造成被牵子黑炮捉车，交换后价值相当，判"捉"。

本例红方一将一捉属禁止着法，黑方一闲一捉属允许着法，按现行的"11版规则"裁决：红方变着，不变作负。

三、产生新的捉

1. 吃子的棋子并未被交换掉

凡走子后,产生新的捉,若吃子的棋子并未被交换掉,且双方得失价值相当,按"捉"处理。

> 局例一

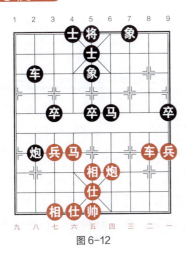

① 车二进二(捉)
　马6进7(捉)
② 车二退二(捉)
　马7退6(闲)

图6-12

如图6-12,红方车二进二,弃马捉马为新的捉,红车吃子后并未被交换掉,得马丢马子力价值得失相当,按"捉"处理。

黑方马6进7捉车,判"捉"。

红方车二退二捉马,判"捉"。

黑方马7退6,判"闲"。

本例红方长捉属禁止着法,黑方一捉一闲属允许着法,按现行的"11版规则"裁决:红方变着,不变作负。

第六章　不得子却为捉的特例

局例二

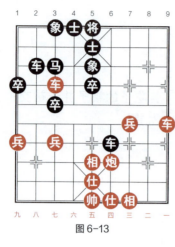

① 炮四平二（闲）
车6平8（捉）
② 炮二平四（闲）
车8平6（捉）

图 6-13

如图6-13，选自2012年江苏省常州市象棋锦标赛中出现的一则待判局面。

红方炮四平二，判"闲"。

黑方车6平8捉炮，判"捉"。

红方炮二平四，判"闲"。

黑方车8平6，伏车2进7，仕五退六，车6进1，车七进一，交换结果是黑方得炮丢马，产生新的捉，且吃子的6路黑车并未被交换掉，判"捉"。

本例红方两闲属允许着法，黑方长捉属禁止着法，按现行的"11版规则"裁决：黑方变着，不变作负。

局例三

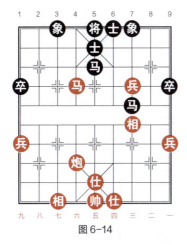

图 6-14

① 炮六平五（捉）
　将 5 平 4（捉）
② 炮五平六（将）
　将 4 平 5（闲）

如图 6-14，红方炮六平五，伏马六进四，将 5 平 4，马四退三，马 5 进 7，红方得马丢过河兵，价值相当，且吃子的红马并未被交换掉，判"捉"。

黑方将 5 平 4，解开中马的拴绑，使中马从无捉到捉红过河兵，判"捉"。

红方炮五平六，直接攻击黑将，判"将"。

黑方将 4 平 5，动将应将，判"闲"。

本例红方一捉一将属禁止着法，黑方一捉一闲属允许着法，按现行的"11 版规则"裁决：红方变着，不变判负。

2. 攻击的主体变了

得子虽然相同，攻击的主体变了，按"捉"处理。

局例一

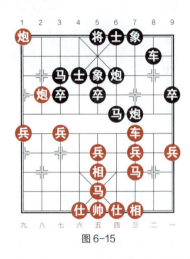

① 炮八进三（将）
　将 5 进 1（闲）
② 炮八退三（捉）
　将 5 退 1（闲）

图 6-15

如图 6-15，选自第二届"辛集国际皮革城杯"象棋公开赛金波与连泽特弈战形成的待判局面。

红方炮八进三，直接攻击黑将，判"将"。

黑方将 5 进 1，动将应将，判"闲"。

红方炮八退三，乍看之下，红炮捉未过河的卒是在走闲。若认真察看就会发现，红方退炮，伏炮九平三得象，得子虽然相同，但攻击黑象的主体却由走子前的八路炮变成九路炮，九路炮对 7 路象产生了新的捉，判"捉"。

黑方将 5 退 1，判"闲"。

本例红方一将一捉属禁止着法，黑方两闲属允许着法，按现行的"11 版规则"裁决：红方变着，不变作负。

局例二

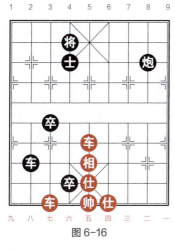

图6-16

① 车五平二（捉）
  炮8平5（闲）
② 车二平五（捉）
  炮5平8（捉）

如图6-16，选自2013年9月辽宁网络棋牌频道论坛《裁判世界》，棋友幺传玺提出的一则待判局面。

红方车五平二捉炮，判"捉"。

黑方炮8平5，判"闲"。

红方车二平五捉炮，判"捉"。

黑方炮5平8，走子前就能够炮5进5吃去红方中相；走子后，变成车2平5吃中相，得子虽然相同，但攻击主体却由黑炮变成黑车，黑车对中相的捉产生于刚走的这着棋，判"捉"。

本例红方长捉属禁止着法，黑方一闲一捉属允许着法，按现行的"11版规则"裁决：红方变着，不变作负。

局例三

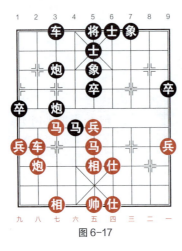

① 马五进三（闲）
后炮平4（捉）
② 马三退五（闲）
炮4平3（捉）

图 6-17

如图 6-17，选自 2012 年全国农民运动会象棋赛，钟少鸿与俞云涛弈战形成的一则待判局面。

红方马五进三，判"闲"。

黑方后炮平4，造成其他子3路炮与3路黑车联合捉子，走子后与走子前相比得子虽然相同（均多得一相），但走子前黑方是用双炮联合攻击，而走子后却是用炮与车联合攻击，黑方炮与车联合攻击是新产生的捉，判"捉"。

红方马三退五，判"闲"。

黑方炮4平3，造成双炮与车联合攻击多得一相，判"捉"。

本例红方两闲属允许着法，黑方长捉属禁止着法，按现行的"11版规则"裁决：黑方变着，不变作负。

局例四

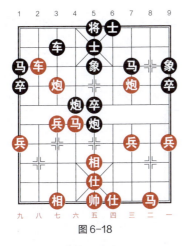

图6-18

① 炮七进一（捉）
　炮4退2（捉）
② 炮七退一（捉）
　炮4进2（捉）

如图6-18，红方炮七进一，下一着能够直接炮七平三或炮七平九吃去黑马，判"捉"。

黑方炮4退2捉车，判"捉"。

红方炮七退一，走子后与走子前相比得子虽然相同（均多得一马），但原来不能吃马的红车产生新的捉，攻击的主体变了，判"捉"。

黑方炮4进2，走子后造成3路车捉炮，判"捉"。

本例红方长捉无根子，黑方一捉车一捉无根子，双方均属禁止着法，按现行的"11版规则"裁决：双方不变作和。

3. 增加了新的攻击子力

得子虽然相同，若增加了新的攻击子力，按"捉"处理。

局例一

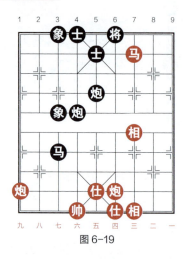

① 马三退二（捉）
将6平5（闲）
② 马二进三（将）
将5平6（闲）

图6-19

如图6-19，选自2004年第四届"同峰杯"全国业余名手赛，第11轮苗永鹏与钟少鸿弈战形成的一则待判局面。

红方马三退二，走子前只有炮捉士，走子后不但炮仍捉士，又产生了红马对黑士新的捉，尽管得子相同，但攻击的棋子中增加了红马，判"捉"。

黑方将6平5，判"闲"。

红方马二进三，直接攻击黑将，判"将"。

黑方将5平6，动将应将，判"闲"。

本例红方一捉一将属禁止着法，黑方两闲属允许着法，按现行的"11版规则"裁决：红方变着，不变作负。

局例二

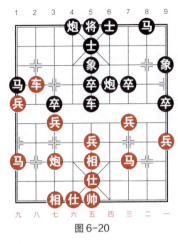

① 车八进一(捉)
　炮6退1(捉)
② 车八退一(捉)
　炮6进1(捉)

图6-20

如图6-20，选自刘德贵与棋友在省级比赛中形成的一则待判局面。

红方车八进一捉无根象，判"捉"。然而实战中刘却认为，红方进车后，预计下一着不可能去吃象，而是走兵九进一吃马，兵吃马，应判"闲"。我们认为棋例裁决是以客观存在为依据的，而不是以棋手的意志为转移，红方车八进一后，客观上产生了红车捉中象，因此判"捉"。

黑方炮6退1捉车，判"捉"。

红方车八退一捉马，初涉裁判领域的人，对车八退一的捉颇有疑虑，总认为黑方1路马已受红方过河兵的攻击，增加一个车八退一的攻击又有什么用，但是不可忽略的是车八退一捉马是新产生的捉，判"捉"。

黑方炮6进1捉车，判"捉"。

本例红方长捉无根子，黑方长捉车，双方均属禁止着法，按现行的"11版规则"裁决：双方不变作和。

局例三

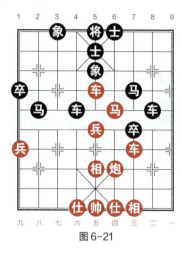

① 车三平四（闲）
  卒7平6（捉）
② 车四平三（捉）
  卒6平7（捉）

图6-21

如图6-21，选自2012年《棋艺》"规则问答"中的一则待判局面。

红方车三平四，盘面上存在着的红方中车对马的捉与红方车三平四没有关联，判"闲"。

黑方卒7平6，允许过河卒借助黑马之力捉车，但不容忽略的是平卒捉车切断了红马的根，造成其他子黑车从没捉红马到捉红马，判"捉"。

红方车四平三，走子前黑马已受红方中车的攻击，走子后又增加三路车对黑马的攻击，三路车捉马是新产生的捉，判"捉"。

黑方卒6平7，其走棋性质与卒7平6相同，判"捉"。

本例红方一闲一捉属允许着法，黑方长捉属禁止着法，按现行的"11版规则"裁决：黑方变着，不变作负。

局例四

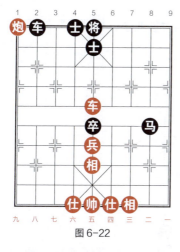

图6-22

① 炮九退三（捉）
车2进3（捉）
② 炮九进三（将）
车2退3（捉）

如图6-22，红方炮九退三，伏炮九平五，将5平6，炮五退二吃无根过河卒，需要说明的是红方炮九退三走子前，车就在捉过河卒，走子后增加了用炮捉过河卒，这个捉是新产生的，因此，按"捉"处理。

黑方车2进3捉无根炮，判"捉"。

红方炮九进三，直接攻击黑将，判"将"。

黑方车2退3捉无根炮，判"捉"。

本例红方一捉无根子一将，黑方长捉无根子，双方均属禁止着法，按现行的"11版规则"裁决：双方不变作和。

4. 被攻击的对象变了

子力价值相同，被攻击的对象变了，按"捉"处理。

局例一

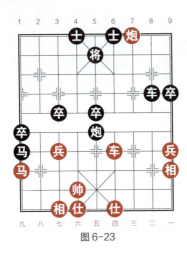

图 6-23

① 车四平六（捉）
将 5 平 6（闲）
② 车六平四（将）
将 6 平 5（闲）

如图 6-23，红方车四平六，走子前捉的是 6 路士，走子后捉的是 4 路士，红车对 4 路士的捉产生于刚走的这步棋，被攻击的对象变了，尽管子力价值相同，按"捉"处理。

黑方将 5 平 6，判"闲"。

红方车六平四，直接攻击黑将，判"将"。

黑方将 6 平 5，动将应将，判"闲"。

本例红方一捉一将属禁止着法，黑方两闲属允许着法，按现行的"11 版规则"裁决：红方变着，不变作负。

局例二

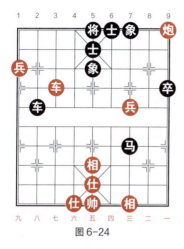

① 车七平五（捉）
象 5 退 3（捉）
② 车五平七（捉）
象 3 进 5（捉）

图 6-24

如图 6-24，选自 2013 年 10 月辽宁网络棋牌频道论坛《裁判世界》，棋友李铁金提出的一则待判局面。

红方车七平五，联合底炮捉假根子中象，判"捉"。

黑方象 5 退 3 捉九路过河兵，判"捉"。

红方车五平七捉无根象，判"捉"。

黑方象 3 进 5，走子前捉的是九路过河兵，走子后捉的是三路过河兵，黑象对三路过河兵的捉产生于刚走的这步棋，被攻击的对象变了，尽管子力价值相同，按"捉"处理。

本例红方一联合捉子一捉无根子属禁止着法中第二类性质，黑方长捉无根子属禁止着法中第一类性质，按现行"11版规则"裁决：黑方变着，不变作负。

第七章　论走子兼具多种作用

走子兼具多种作用，从重裁处。

走子兼具多种作用，最常见的是兑兼捉、献兼捉，它们是棋例裁决中的一个难点。说它难，就难在凡属兑兼捉或献兼捉的着法，既符合"兑""献"的术语解释，又符合"捉"的术语解释，究竟是兑、献，还是捉，令人疑惑难决。

临场裁判员一定要沉着、冷静，善于从错综复杂的局势中抓住主要矛盾，练就一双正确判断兑、献与捉的慧眼，以敏锐的眼光，察觉到细微之处。

一、兑兼捉

兑兼捉，从重判"捉"。

1. 邀兑之子对其他子产生捉

（1）走动邀兑子，邀兑的同时对其他子产生捉

走动邀兑子，邀兑的同时对其他子产生捉，按"捉"处理。

局例一

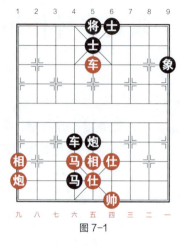

① 马六退八（闲）
马4退3（捉）
② 马八进六（闲）
马3进4（捉）

图 7-1

如图 7-1，红方马六退八，伏下一着炮九平六，则黑方先炮 5 平 6 将军，再车 4 进 2 吃炮，红方不符合得子规定，判"闲"。

黑方马 4 退 3，同兵种邀兑，与此同时黑马对红方九路边相有捉，兑兼捉，从重判"捉"。

红方马八进六，判"闲"。

黑方马 3 进 4，造成下一着黑车 4 进 1 吃马，虽然丢中炮，但做根子捉子，得失相当，判"捉"。

本例红方两闲属允许着法，黑方长捉属禁止着法，按现行的"11 版规则"裁决：黑方变着，不变作负。

局例二

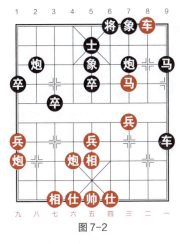

图 7-2

① 车二平一（捉）
马 9 进 8（兑）
② 车一平二（捉）
马 8 退 9（捉）

如图 7-2，选自 2014 年开原棋友刘刚给我们发来的一则待判局面。

红方车二平一，造成红马捉中象，判"捉"。

黑方马 9 进 8，造成同兵种车邀兑，红方兑车后，不致立即被将死或立即在子力价值上遭受损失，符合"兑"的术语解释，判"兑"。

红方车一平二捉无根马，判"捉"。

黑方马 8 退 9，在邀兑红马的同时还在捉车，兑兼捉，从重判"捉"。

本例红方长捉属禁止着法，黑方一兑一捉属允许着法，按现行的"11 版规则"裁决：红方变着，不变作负。

第七章 论走子兼具多种作用

局例三

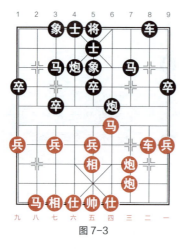

① 车二平三（捉）
马7进8（捉）
② 车三平二（捉）
马8退7（兑）

图 7-3

如图 7-3，选自 2003 年全国象棋甲级联赛，第 5 轮（快棋）苗永鹏与葛维蒲弈战形成的待判局面。

红方车二平三，车双炮联合捉马，判"捉"。

黑方马7进8，除了邀兑红马外，黑马还对红车产生了捉，兑兼捉，从重判"捉"。

红方车三平二，走车改变了原来双马之间兑的关系，如黑方马8进6吃红马，会立即丢车，造成了子力价值受损，因此它不是兑，判"捉"。

黑方马8退7邀兑红车，红方兑车后，不致立即被将死或立即在子力价值上遭受损失，符合兑的术语解释，判"兑"。

本例红方长捉属禁止着法，黑方一捉一兑属允许着法，按现行的"11版规则"裁决：红方变着，不变作负。

（2）走动其他子，邀兑子同时对其他子产生捉

走动其他子，邀兑子同时对其他子产生捉，按"捉"处理。

> 局例一

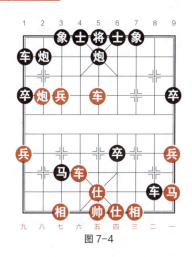

图7-4

① 炮八退五（捉）
   车8退5（捉）
② 炮八进五（捉）
   车8进5（捉）

如图7-4，红方炮八退五捉车，判"捉"。

黑方车8退5，捉失去离线自由的红车，判"捉"。

红方炮八进五，邀兑黑车，同时伏有车五进二、士6进5、炮八平二，多得一炮，兑兼捉，从重判"捉"。

黑方车8进5捉无根马，判"捉"。

本例红方一捉车一联合捉子属禁止着法中第二类性质，黑方一捉车一捉无根子属禁止着法中第一类性质，按现行的"11版规则"裁决：黑方变着，不变作负。

局例二

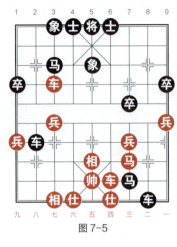

① 帅五退一（捉）
　车２平６（捉）
② 帅五进一（捉）
　车６平２（捉）

图 7-5

如图 7-5，红方帅五退一，去掉了黑马暗根，造成红车捉黑马，判"捉"。

黑方车２平６，因红车不能离线，所以是黑车捉红车，判"捉"。

红方帅五进一，此刻红车与黑车的关系是兑。但是红车与黑马的关系却发生了变化。红方进帅前红车不能离线，如果红车离线吃黑马，则车６进３，帅五进一，车６平５，帅五平六，车５平４，帅六平五，车８平５，帅五平四，车４退１，帅四进一，车５平６，车三平四，车６退１，红方被将死。

红方进帅后红车能够离线吃黑马，故为捉。兑兼捉，从重判"捉"。

黑方车６平２，下一着能够通过将军抽吃红车，判"捉"。

本例红方长捉无根子，黑方长捉车，双方均属禁止着法，按现行的"11 版规则"裁决：双方不变作和。

局例三

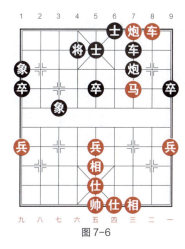

① 马三进一（捉）
车7平9（捉）
② 马一退三（闲）
车9平7（捉）

图7-6

如图7-6，选自江西棋友陈志洪提供的一则在比赛中出现的待判局面。

红方马三进一捉无根车，判"捉"。

黑方车7平9捉无根马，判"捉"。

红方马一退三，判"闲"。

黑方车9平7，车炮与炮相遇，红炮有根，主动兑去，其根无损，属兑；邀兑红炮的同时，还造成了下一着炮7进7，相五退三，车7进2，黑方多得一相，符合得子规定，这是邀兑之子对其他子的捉，因此黑方车9平7是兑兼捉，从重判"捉"。

本例红方一捉一闲属允许着法，黑方长捉属禁止着法，按现行的"11版规则"裁决：黑方变着，不变作负。

局例四

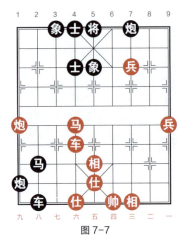

① 车六平八（闲）
马2进4（捉）
② 车八平六（捉）
马4退2（捉）

图7-7

如图7-7，红方车六平八，判"闲"。

黑方马2进4，在兑车同时断了底仕的根，还造成黑车捉底仕，为兑兼捉，从重判"捉"。

红方车八平六捉马，判"捉"。

黑方马4退2捉红车，判"捉"。

本例红方一闲一捉属允许着法，黑方长捉属禁止着法，按现行的"11版规则"裁决：黑方变着，不变作负。

2. 其他子对被邀兑之子产生捉

（1）被接触的炮无根

车炮同时与炮产生接触，被接触的炮无根，则车方按"捉"处理。

局例一

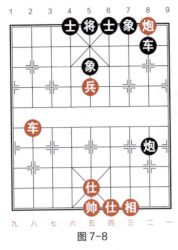

图 7-8

① 炮二平一（闲）
　车 8 平 9（捉）
② 炮一平二（闲）
　车 9 平 8（捉）

如图 7-8，选自 2009 年全国象棋锦标赛（团体），文静与林琴思弈战形成的待判局面。

红方炮二平一，下一步兵五进一能够净吃象，按"闲"处理。

黑方车 8 平 9 捉无根子红炮，判"捉"。

红方炮一平二，判"闲"。

黑方车 9 平 8，此刻被接触的红炮无根，两炮之间是兑，车为捉，这是其他子对被邀兑之子的捉，属于兑兼捉，从重判"捉"。

本例红方两闲属允许着法，黑方长捉属禁止着法，按现行的"11 版规则"裁决：黑方变着，不变作负。

局例二

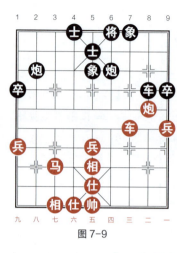

图 7-9

① 炮二平四（将）
车 8 平 6（捉）
② 炮四平二（闲）
车 6 平 8（捉）

如图 7-9，选自 1985 年全国象棋锦标赛（团体），葛维蒲与阎玉锁弈战时形成的待判局面。

红方炮二平四，直接攻击黑将，判"将"。

黑方车 8 平 6，车炮同时与炮产生接触，被接触的红炮无根，两炮之间是兑，车为捉，兑兼捉，从重判"捉"。

红方炮四平二，判"闲"。

黑方车 6 平 8 捉无根炮，判"捉"。

本例红方一将一闲属允许着法，黑方长捉属禁止着法，按现行的"11 版规则"裁决：黑方变着，不变作负。

局例三

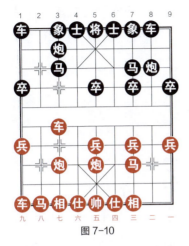

① 车七平四（兑）
马3进2（捉）
② 车四平七（捉）
马2退3（捉）

图 7-10

如图 7-10，选自 1998 年"棋友杯"全国象棋大奖赛，第 5 轮陶永臣与丁玉芳弈战形成的待判局面。

红方车七平四，闪开七路车，造成红炮与黑炮相遇，黑方兑子后，不致立即被将死或立即在子力价值上遭受损失，符合"兑"的术语解释，判"兑"。

黑方马3进2，造成炮捉相并能够带将抽吃边车，判"捉"。

红方车四平七，车炮同时与炮产生接触，被接触的黑炮无根，造成相关子七路炮邀兑黑炮，与此同时动子红车直接捉被邀兑的黑炮，兑兼捉，从重判"捉"。

黑方马2退3，造成相关子黑炮捉车，判"捉"。

本例红方一兑一捉属允许着法，黑方长捉属禁止着法，按现行的"11版规则"裁决：黑方变着，不变作负。

（2）兑车的同时炮捉车

车炮同时与车产生接触，兑车的同时炮捉车，兑兼捉，从重判"捉"。

局例一

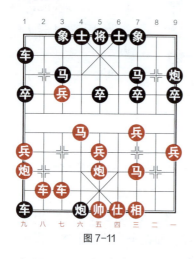

① 车八平九（捉）
前车平2（捉）
② 车九平八（兑）
车2平1（捉）

图7-11

如图7-11，红方车八平九，在兑车的同时，产生了红炮对黑车新的捉，兑兼捉，从重判"捉"。

黑方前车平2，走子前对红方九路车不存在捉，走子后产生了新的捉（伏下一着炮4退1抽吃红车），判"捉"。

红方车九平八，同兵种邀兑，黑方兑子后，不致立即被将死或立即在子力价值上遭受损失，符合"兑"的术语解释，判"兑"。

黑方车2平1，伏下一着炮4退1抽吃红车，判"捉"。

本例红方一捉一兑属允许着法，黑方长捉属禁止着法，按现行的"11版规则"裁决：黑方变着，不变作负。

局例二

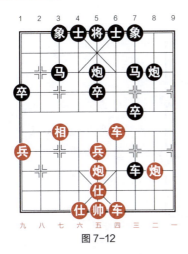

① 前车退二（捉）
车 7 退 2（捉）
② 前车进二（兑）
车 7 进 2（捉）

图 7-12

如图 7-12，选自 2012 年《棋艺》"规则问答"中的一则待判局面。

红方前车退二，造成同兵种红车与黑车的关系是兑，红中炮与黑车的关系是捉，兑兼捉，从重判"捉"。

黑方车 7 退 2 捉无根相，判"捉"。

红方前车进二，同兵种邀兑，黑方兑子后，不致立即被将死或立即在子力价值上遭受损失，符合"兑"的术语解释，判"兑"。

黑方车 7 进 2 捉无根炮，判"捉"。

本例红方一捉一兑属允许着法，黑方长捉属禁止着法，按现行的"11 版规则"裁决：黑方变着，不变作负。

局例三

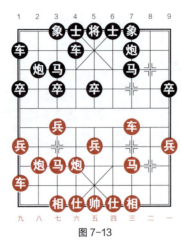

① 车三平六（捉）
　马7进6（捉）
② 车六平三（闲）
　马6退7（捉）

图 7-13

如图 7-13，选自 2012 年第二届"辛集国际皮革城杯"象棋公开赛，第 6 轮弈战中出现的一则待判局面。

红方车三平六，邀兑黑车的同时造成其他子红六路炮捉黑车，兑兼捉，从重判"捉"。

黑方马 7 进 6 捉车，判"捉"。

红方车六平三，判"闲"。

黑方马 6 退 7，造成其他子黑炮捉车，判"捉"。

本例红方一捉一闲属允许着法，黑方长捉属禁止着法，按现行的"11 版规则"裁决：黑方变着，不变作负。

> 局例四

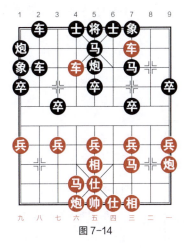

图 7-14

① 车六进一（捉）
  前车退 1（捉）
② 车六退一（捉）
  前车进 1（捉）

如图 7-14，红方车六进一捉无根炮，判"捉"。

黑方前车退 1，邀兑车的同时，造成下一着炮 1 平 4 吃红六路车，兑兼捉，从重判"捉"。

红方车六退一捉无根象，判"捉"。

黑方前车进 1，在兑车的同时，造成下一着炮 1 平 7 吃红三路车，兑兼捉，从重判"捉"。

本例红方长捉无根子，黑方长捉车，双方均属禁止着法，按现行的"11 版规则"裁决：双方不变作和。

（3）兑车的同时马捉车

车马同时与车产生接触，兑车的同时马捉车，兑兼捉，从重判"捉"。

局例

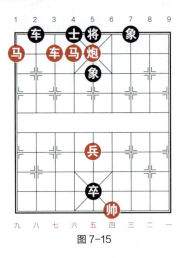

① 车七平八（捉）
车 2 平 3（杀）
② 车八平七（捉）
车 3 平 2（杀）

图 7-15

如图 7-15，红方车七平八，具有两种作用：其一，车与车是兑的关系；其二，造成六路马捉车。兑兼捉，从重判"捉"。

黑方车 2 平 3，下一着车 3 进 9 将死红方，判"杀"。

红方车八平七与车七平八同理，也是兑兼捉，从重判"捉"。

黑方车 3 平 2，下一着车 2 进 9 将死红方，判"杀"。

本例红方长捉车，黑方长杀，双方均属禁止着法，按现行的"11 版规则"裁决：双方不变作和。

3. 其他子对其他子产生捉

邀兑的同时，邀兑方其他子对被邀兑方其他子产生捉，兑兼捉，从重判"捉"。

> 局例一

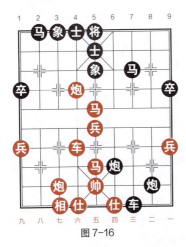

① 帅五退一（闲）
  炮8进1（捉）
② 帅五进一（闲）
  炮8退1（捉）

图7-16

如图7-16，选自2011年第二届全国智力运动会象棋赛，男团第7轮聂铁文与吕钦弈战形成的待判局面。

红方帅五退一，判"闲"。

黑方炮8进1，伏车7退3，仕四进五，车7平4得车，判"捉"。

红方帅五进一，判"闲"。

黑方炮8退1，用暗根子黑炮邀兑红方七路炮，同时伏车7退1，帅五退一，炮8进1，仕四进五，车7进1，仕五退四，车7退3，仕四进五，车7平4得车，这是邀兑方其他子对被邀兑方其他子产生捉，兑兼捉，从重判"捉"。

本例红方两闲属允许着法，黑方长捉属禁止着法，按现行的"11版规则"裁决：黑方变着，不变作负。

局例二

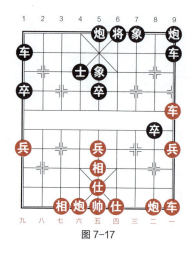

① 前车平四（将）
车9平6（捉）
② 车四平一（捉）
车6平9（捉）

图7-17

如图7-17，选自2011年2月广东象棋网《裁判天地》，棋友研讨棋例时提出的一则待判局面。

红方前车平四，直接攻击黑将，判"将"。

黑方车9平6，应将并邀兑红车，同时又造成其他子黑9路炮捉车，这是邀兑方其他子对被邀兑方其他子产生的捉，兑兼捉，从重判"捉"。

红方车四平一捉无根炮，判"捉"。

黑方车6平9，兑车的同时又造成其他子黑炮捉车，兑兼捉，从重判"捉"。

本例红方一将一捉无根子，黑方长捉车，双方均属禁止着法，按现行的"11版规则"裁决：双方不变作和。

局例三

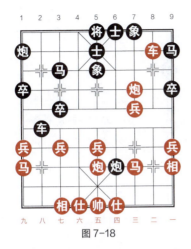

图 7-18

① 炮三进二（捉）
  炮6退6（捉）
② 炮三退二（捉）
  炮6进6（捉）

如图 7-18，红方炮三进二，邀兑黑炮，同时造成车捉无根马，这是邀兑方其他子对被邀兑方其他子产生的捉，兑兼捉，从重判"捉"。

黑方炮6退6捉车，判"捉"。

红方炮三退二，又造成下一着车二平一吃无根马，判"捉"。

黑方炮6进6，造成1路炮捉车，判"捉"。

本例红方长捉无根子，黑方长捉车，双方均属禁止着法，按现行的"11版规则"裁决：双方不变作和。

局例四

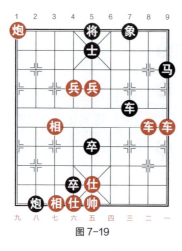

① 车二平三（捉）
车7平8（杀）
② 车三平二（兑）
车8平7（杀）

图 7-19

如图 7-19，红方车二平三，在兑车的同时还伏有炮九平三得象的手段，这是邀兑方其他子对被邀兑方其他子产生的捉，兑兼捉，从重判"捉"。

黑方车7平8，下一着车8进5，仕五退四，卒4进1，帅五进一，车8退1将死红方，判"杀"。

红方车三平二，同兵种相遇，黑车吃去红车后不致立即被将死或立即在子力价值上遭受损失，符合"兑"的术语解释，判"兑"。

黑方车8平7与车7平8走棋性质相同，判"杀"。

本例红方一捉一兑属允许着法，黑方长杀属禁止着法，按现行的"11版规则"裁决：黑方变着，不变作负。

二、兑兼杀

兑兼杀,从重判"杀"。

局例

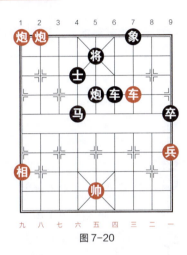

① 车三进二(将)
车6退2(兑)
② 车三退二(捉)
车6进2(杀)

图7-20

如图7-20,选自2012年9月广东象棋网《裁判天地》,棋友研讨棋例时提出的一则待判局面。

红方车三进二,直接攻击黑将,判"将"。

黑方车6退2,应将的着法与盘面上存在的马后炮杀无关联,判"兑"。

红方车三退二捉中炮,判"捉"。

黑方车6进2,在邀兑红车的同时还造成了马4进5的马后炮杀,值得强调的是这是从没杀到杀,兑兼杀,从重判"杀"。

本例红方一将一捉属禁止着法,黑方一兑一杀属允许着法,按现行的"11版规则"裁决:红方变着,不变作负。

三、献兼捉

献兼捉,从重判"捉"。

1. 同兵种的献兼捉

同兵种献的同时,若产生新的捉,为献兼捉,从重判"捉"。

局例一

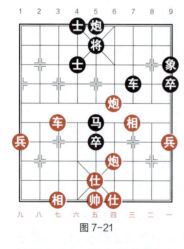

图 7-21

① 前炮平五(捉)
　将 5 平 6(闲)
② 炮五平四(将)
　将 6 平 5(闲)

如图 7-21,红方前炮平五,红炮与黑炮的关系是献,但同时还造成红车捉黑马及红炮捉过河卒,为献兼捉,从重判"捉"。

黑方将 5 平 6,判"闲"。

红方炮五平四,造成后炮直接攻击黑将,判"将"。

黑方将 6 平 5,动将应将,判"闲"。

本例红方一捉一将属禁止着法，黑方两闲属允许着法，按现行的"11版规则"裁决：红方变着，不变作负。

局例二

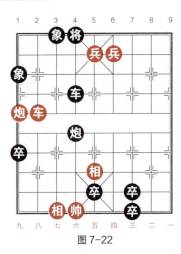

① 车八进一（献）
车 4 进 1（杀）
② 车八退一（捉）
车 4 退 1（杀）

图 7-22

如图 7-22，红方车八进一走子送吃，黑车吃去红车后，虽然红方有兵四进一的绝杀手段，但黑方不致立即被将死，判"献"。

黑方车 4 进 1，下一着平炮将死红方，这是从没杀到杀，按"杀"处理。

红方车八退一，在献车的同时，又造成红炮捉黑车，这是献兼捉，从重判"捉"。

黑方车 4 退 1，下一着平炮将死红方，判"杀"。

本例红方一献一捉属允许着法，黑方长杀属禁止着法，按现行的"11版规则"裁决：黑方变着，不变作负。

局例三

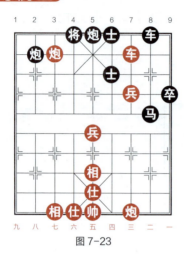

① 炮七进一（捉）
　士6退5（捉）
② 炮七退一（闲）
　士5进6（捉）

图 7-23

如图 7-23，红方炮七进一，献炮的同时，又造成红车捉炮，献兼捉，从重判"捉"。

黑方士 6 退 5，造成黑炮捉车，判"捉"。

红方炮七退一，判"闲"。

黑方士 5 进 6，又造成黑炮捉车，判"捉"。

本例红方一捉一闲属允许着法，黑方长捉属禁止着法，按现行的"11 版规则"裁决：黑方变着，不变作负。

2. 不同兵种的献兼捉

不同兵种献的同时，若产生新的捉，为献兼捉，从重判"捉"。

局例一

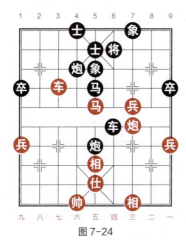

① 马五进三（将）
马 5 退 7（闲）
② 马三退五（捉）
马 7 进 5（捉）

图 7-24

如图 7-24，红方马五进三，直接攻击黑将，判"将"。

黑方马 5 退 7 应将，判"闲"。

红方马三退五，伏马五进六，车 6 平 4，帅六平五，车 4 平 7，车七平四，士 5 进 6，车四进一，将 6 进 1，马六退五，将 6 退 1，马五退三，红方用一车一炮换取黑方一车一炮一士，判"捉"。

黑方马 7 进 5，送吃 7 路底象同时，伏马 5 进 7 吃过河兵，献兼捉，从重判"捉"。

本例红方一将一捉属禁止着法，黑方一闲一捉属允许着法，按现行的"11 版规则"裁决：红方变着，不变作负。

局例二

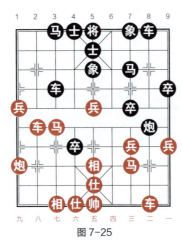

① 马七进六（捉）
  炮8退1（捉）
② 马六退七（闲）
  炮8进1（捉）

图 7-25

如图 7-25，选自 2012 年全国象棋个人锦标赛，许银川与蔚强弈战形成的一则待判局面。

红方马七进六，献马的同时又造成其他子双车捉少根炮，不同兵种献的同时，若产生新的捉，献兼捉，从重判"捉"。

黑方炮 8 退 1 捉过河兵，判"捉"。

红方马六退七，判"闲"。

黑方炮 8 进 1 捉车，判"捉"。

本例红方一捉一闲属允许着法，黑方长捉属禁止着法，按现行的"11 版规则"裁决：黑方变着，不变作负。

局例三

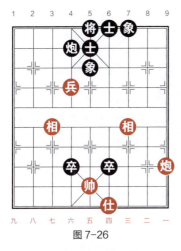
图 7-26

① 兵六平七（捉）
士 5 进 4（闲）
② 兵七平六（捉）
士 4 退 5（闲）

如图 7-26，选自 2013 年 8 月贵州福泉举行的福泉、麻江交流赛，龙旭与陈绍华弈战形成的一则待判局面。

红方兵六平七，造成其他子红炮捉过河卒，判"捉"。

黑方士 5 进 4，判"闲"。

红方兵七平六，献兵的同时又造成其他子红炮捉过河卒，不同兵种献的同时，若产生新的捉，献兼捉，从重判"捉"。

黑方士 4 退 5，判"闲"。

本例红方长捉属禁止着法，黑方两闲属允许着法，按现行的"11 版规则"裁决：红方变着，不变作负。

局例四

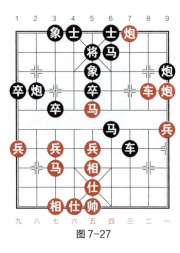

① 马五进三（捉）
车7平6（捉）
② 马三退五（捉）
车6平7（捉）

图 7-27

如图 7-27，选自 2012 年 3 月广东象棋网《裁判天地》，棋友提出的一则待判局面。

红方马五进三，造成其他子红炮对车产生了捉，判"捉"。

黑方车 7 平 6，造成其他子一炮双马对三路少根马产生捉，判"捉"。

红方马三退五，献车的同时兼用马捉车，不同兵种献的同时，若产生新的捉，献兼捉，从重判"捉"。

黑方车 6 平 7 捉无根炮，判"捉"。

本例红方长捉车，属禁止着法中第一类性质，黑方一捉少根子一捉无根子，属禁止着法中第二类性质，按现行的"11 版规则"裁决：红方变着，不变作负。

四、献兼杀

献兼杀，从重判"杀"。

局例

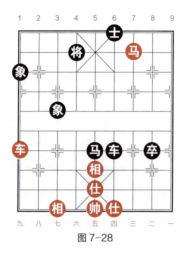

① 马三退四（杀）
   将 4 退 1（闲）
② 马四进三（杀）
   将 4 进 1（闲）

图 7-28

如图 7-28，选自 2006 年大连市象棋一级裁判员培训班考试试题。

红方马三退四，献马的同时下一着车九平六将死黑方，献兼杀，从重判"杀"。

黑方将 4 退 1，判"闲"。

红方马四进三，企图在下一着车九平六将死黑方，判"杀"。

黑方将 4 进 1，判"闲"。

本例红方长杀属禁止着法，黑方两闲属允许着法，按现行的"11 版规则"裁决：红方变着，不变作负。

第八章 谈兵卒

一、兵（卒）的八闲

1. 允许兵（卒）长捉

兵（卒）是攻击性棋子中行动速度最缓慢的棋子，一步只能行走一个格。未过河前只能直行，过了河才可左、右移动，且终生只能勇往直前不能后退。

因此棋例通则赋予它的特权是允许兵（卒）本身长捉。

局例一

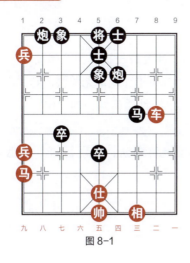

① 兵九平八（闲）
　炮2平1（捉）
② 兵八平九（闲）
　炮1平2（闲）

图 8-1

如图 8-1，红方兵九平八与兵八平九，过河兵直接攻击黑炮，因允许兵（卒）本身长捉，按"闲"处理。

黑方炮 2 平 1 反捉红马，判"捉"；续着炮 1 平 2，判"闲"。

本例红方两闲，黑方一捉一闲，双方均属允许着法，按现行的"11 版规则"裁决：双方不变作和。

局例二

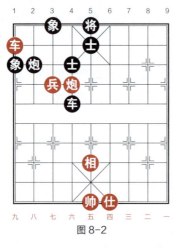

图 8-2

① 兵七平八（闲）
　炮 2 平 3（闲）
② 兵八平七（闲）
　炮 3 平 2（闲）

如图 8-2，红方兵七平八，兵允许长捉，判"闲"。

黑方炮 2 平 3，与盘面上的车 4 退 1 吃炮无关联，判"闲"。

红方兵八平七与兵七平八走棋性质相同，判"闲"。

黑方炮 3 平 2，判"闲"。

本例双方都是两闲，均属允许着法，按现行的"11 版规则"裁决：双方不变作和。

2. 兵（卒）借助外力捉子

兵（卒）借助外力捉子，按"闲"处理。

局例一

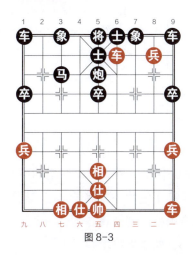

① 兵二平一（闲）
　车 9 平 8（闲）
② 兵一平二（闲）
　车 8 平 9（闲）

图 8-3

如图 8-3，红方兵二平一与兵一平二，过河兵借车之力攻击黑车，兵（卒）无论是否借助外力捉子，均按"闲"处理。黑方车 9 平 8 与车 8 平 9 避捉，均判"闲"。

本例双方都是两闲，均属允许着法，按现行的"11 版规则"裁决：双方不变作和。

局例二

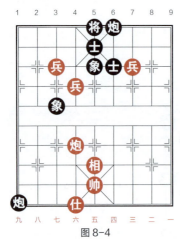

图 8-4

① 炮六平五（闲）
　将 5 平 4（闲）
② 炮五平六（将）
　将 4 平 5（闲）

如图 8-4，红方炮六平五，伏下一着兵三平四借助中炮之力能得黑方一士，因允许兵（卒）借助外力捉子，按"闲"处理；续着炮五平六，直接攻击黑将，判"将"。

黑方将 5 平 4 与将 4 平 5，两步平将均判"闲"。

本例红方一闲一将，黑方两闲，双方均属允许着法，按现行的"11 版规则"裁决：双方不变作和。

局例三

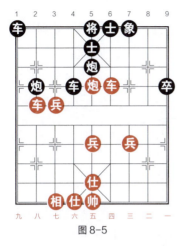

图8-5

① 兵七平六（闲）
车4平3（捉）
② 兵六平七（闲）
车3平4（捉）

如图8-5，红方兵七平六，兵本身借助车之力捉车，判"闲"。

黑方车4平3，走车避捉的同时，车炮联合捉红中炮，判"捉"。

红方兵六平七和兵七平六同理，判"闲"。

黑方车3平4和车4平3同理，判"捉"。

本例红方两闲属允许着法，黑方长捉属禁止着法，按现行的"11版规则"裁决：黑方变着，不变作负。

第八章　谈兵卒

3. 兵（卒）抽吃子

兵（卒）借其他子抽吃对方的子，按"闲"处理。

局例一

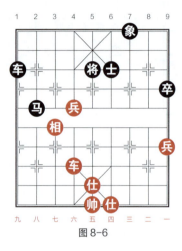

① 车六平五（将）
将 5 平 4（闲）
② 车五平六（闲）
将 4 平 5（闲）

图 8-6

如图 8-6，选自 1997 年"棋友杯"全国象棋大奖赛，女子组周建义与宋云艳弈战形成的一则待判局面。

红方车六平五，直接攻击黑将，判"将"。

黑方将 5 平 4，动将应将，判"闲"。

红方车五平六，伏兵六平七，将 4 平 5，兵七平八，过河兵借车之力抽吃黑马，判"闲"。

黑方将 4 平 5，判"闲"。

本例红方一将一闲，黑方两闲，双方均属允许着法，按现行的"11 版规则"裁决：双方不变作和。

局例二

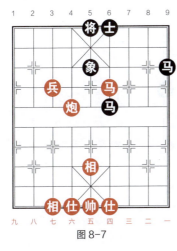

图 8-7

① 炮六平五（将）
　将 5 平 4（闲）
② 炮五平六（闲）
　将 4 平 5（闲）

如图 8-7，红方炮六平五，直接攻击黑将，判"将"。

黑方将 5 平 4，动将应将，判"闲"。

红方炮五平六，伏马四进六，马 6 退 4，兵七平六吃马，过河兵借助炮、马之力抽吃对方的子，按"闲"处理。

黑方将 4 平 5，判"闲"。

本例红方一将一闲，黑方两闲，双方均属允许着法，按现行的"11 版规则"裁决：双方不变作和。

局例三

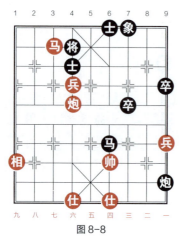

图8-8

① 炮六平八（闲）
士6进5（闲）
② 炮八平六（杀）
士5退6（闲）

如图8-8，红方炮六平八，伏炮八进三，将4退1，兵六进一吃士，过河兵借助炮、马之力抽吃对方一士，按"闲"处理。

黑方士6进5，判"闲"。

红方炮八平六，企图在下一着平兵将死黑方，判"杀"。

黑方士5退6，判"闲"。

本例红方一闲一杀，黑方两闲，双方均属允许着法，按现行的"11版规则"裁决：双方不变作和。

4. 互捉时兵（卒）捉子

互捉时兵（卒）捉子，按"闲"处理。

局例

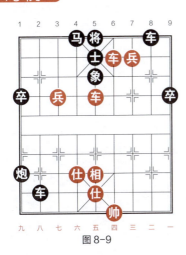

① 兵三平二（闲）
车8平7（捉）
② 兵二平三（闲）
车7平8（捉）

图8-9

如图8-9，红方兵三平二与兵二平三，过河兵借助车力步步捉车。

黑方车8平7与车7平8避捉后，又均伏连续将军得中仕的手段，形成互捉时，兵（卒）捉子，均判"闲"；但黑方车8平7与车7平8通过连续将军得中仕，却属长捉。

本例红方两闲属允许着法，黑方长捉属禁止着法，按现行的"11版规则"裁决：黑方变着，不变作负。

5. 捉未过河的兵（卒）

捉未过河的兵（卒），按"闲"处理。

局例一

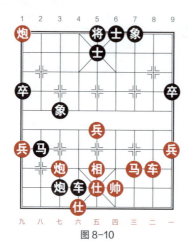

① 帅四退一（闲）
　炮3进1（将）
② 帅四进一（闲）
　炮3退1（闲）

图 8-10

如图 8-10，选自 2011 年 10 月首届"辛集国际皮革城杯"全国象棋公开赛，张申宏与苗利明弈战中形成的待判局面。

红方帅四退一，判"闲"。

黑方炮 3 进 1，直接攻击黑将，判"将"。

红方帅四进一，动帅应将，判"闲"。

黑方炮 3 退 1，只能抽吃到未过河的中兵，捉未过河的兵，按"闲"处理。

本例红方两闲，黑方一将一闲，双方均属允许着法，按现行的"11 版规则"裁决：双方不变作和。

> 局例二

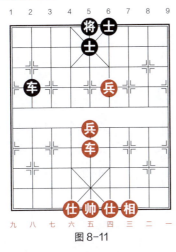

① 车五平四（闲）
车2进2（闲）
② 车四平五（闲）
车2退2（捉）

图 8-11

如图 8-11，选自 2012 年第二届"辛集国际皮革城杯"象棋公开赛，第 2 轮王凤城执红与棋友对弈时形成的一则待判局面。

红方车五平四与车四平五，均判"闲"。

黑方车 2 进 2 捉未过河的中兵，捉未过河的兵（卒），按"闲"处理；续着黑方车 2 退 2 捉过河兵，判"捉"。

本例红方两闲，黑方一闲一捉，双方均属允许着法，按现行的"11 版规则"裁决：双方不变作和。

6. 立即吃掉刚过河的兵（卒）

立即吃掉刚过河的兵（卒），不算得子。

众所周知，过河兵（卒）有子力价值，未过河兵（卒）没有子力价值。还有一种特例，即在形成待判局面时，它是骑河的兵（卒），但在完整的子力交换推算过程中过了河，且立即被吃掉，这样的兵（卒）就是刚过河的兵（卒）。

局例一

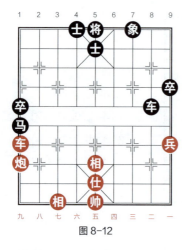

① 炮九平八（杀）
车 8 平 2（捉）
② 炮八平九（闲）
车 2 平 8（闲）

图 8-12

如图 8-12，选自 2006 年于大同举办的"棋友杯"全国象棋大奖赛，第 4 轮张宇与王志信弈战形成的待判局面。

红方炮九平八，下一着炮八进七将死黑方，判"杀"。

黑方车 8 平 2 捉无根炮，判"捉"。

红方炮八平九，伏炮九进二，卒 1 进 1，车九进一，多吃一过河卒；但这是刚过河的卒，立即吃掉刚过河的兵（卒）不算得子，按"闲"处理。

黑方车 2 平 8，判"闲"。

本例红方一杀一闲，黑方一捉一闲，双方均属允许着法，按现行的"11 版规则"裁决：双方不变作和。

局例二

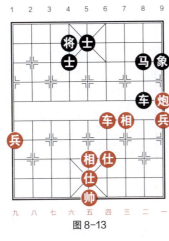

图8-13

① 炮一进一（杀）
车8退1（捉）
② 炮一退一（闲）
车8进1（闲）

如图8-13，红方炮一进一，在避捉的同时企图在下一着炮一平六将死黑方，判"杀"。

黑方车8退1捉无根炮，判"捉"。

红方炮一退一，判"闲"。

黑方车8进1，伏马8进9，兵一进一，车8平9，黑方用一马换取对方一炮及一刚过河的边兵，立即吃掉刚过河的兵（卒）不算得子，判"闲"。

本例红方一杀一闲，黑方一捉一闲，双方均属允许着法，按现行的"11版规则"裁决：双方不变作和。

局例三

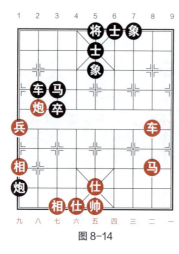

图8-14

① 炮八平九（闲）
车2平1（闲）
② 炮九平八（闲）
车1平2（捉）

如图8-14，红方炮八平九，判"闲"。

黑方车2平1，伏马3进1，兵九进一，车1进1，黑方以一马换取对方一炮一兵。请注意红兵于交换前是未过河的骑河兵，被吃掉时已是过河兵，这种兵仍然没有子力价值，因此，黑方车2平1，判"闲"。

红方炮九平八，判"闲"。

黑方车1平2捉炮，判"捉"。

本例红方两闲，黑方一闲一捉，双方均属允许着法，按现行的"11版规则"裁决：双方不变作和。

局例四

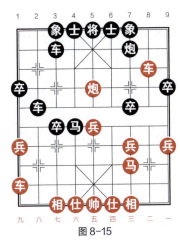

图 8-15

① 炮五退一（闲）
　马 4 退 3（闲）

② 炮五进一（闲）
　马 3 进 4（捉）

如图 8-15，选自 2012 年 7 月特级大师吕钦在湖北十堰市进行车轮战时，与星海凉茶棋友弈战形成的一则待判局面。

红方炮五退一，伏车二平五，炮 7 平 5，车五平七，车 2 平 5，车七进一，车 5 平 3，车七平五，士 4 进 5，通过完整互吃交换后红方用一炮一车换取黑方一车一炮，子力价值相当，判"闲"。

黑方马 4 退 3，伏马 3 进 5，兵五进一，车 2 平 5，通过完整互吃交换后黑方多吃一个刚过河的兵，立即吃掉刚过河的兵不算得子，判"闲"。

红方炮五进一，伏车二平五，车 3 平 5，车五平八，车 5 平 2，车八进一，车 2 退 3，通过完整互吃交换后红方用一车换取黑方一车，子力价值相当，判"闲"。

黑方马 3 进 4 捉炮，判"捉"。

本例红方两闲，黑方一闲一捉，双方均属允许着法，按现行的"11 版规则"裁决：双方不变作和。

第八章　谈兵卒

7. 兵（或数兵）换取强子或弱子一子（或数子）

兵（或数兵）换取强子或弱子一子（或数子），按"闲"处理。

局例一

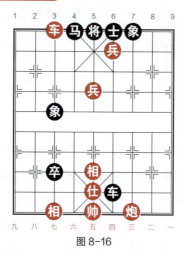

图 8-16

① 兵四平三（捉）
　车 6 平 7（捉）
② 兵三平四（闲）
　车 7 平 6（捉）

如图 8-16，红方兵四平三，造成其他子红炮捉象，判"捉"。黑方车 6 平 7 捉过河兵，判"捉"。

红方兵三平四，伏兵四进一，将 5 平 6，车七平六，将 6 进 1，炮三进九，红方牺牲了一个过河兵，换取了黑方一士、一马、一象，一兵换取数子不算得子，判"闲"。

黑方车 7 平 6 追捉过河兵，判"捉"。

本例红方一捉一闲属允许着法，黑方长捉属禁止着法，按现行的"11 版规则"裁决：黑方变着，不变作负。

局例二

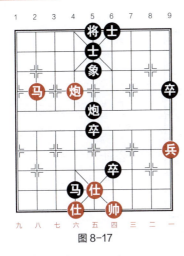

图 8-17

① 马八退六（捉）
   卒 5 平 4（闲）
② 马六进八（捉）
   卒 4 平 5（闲）

如图 8-17，红方马八退六，造成红炮捉马，判"捉"。

黑方卒 5 平 4，伏卒 6 进 1，帅四进一，马 4 退 5，帅四退一，马 5 退 4 抽吃红马，主动送卒换取一马，判"闲"。

红方马六进八，又造成红炮捉马，判"捉"。

黑方卒 4 平 5，判"闲"。

本例红方长捉属禁止着法，黑方两闲属允许着法，按现行的"11 版规则"裁决：红方变着，不变作负。

局例三

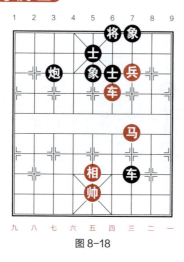

① 车四平七（捉）
  炮3退2（闲）
② 车七平四（闲）
  炮3进2（闲）

图 8-18

如图 8-18，选自"武进杯"2003 年全国象棋县级锦标赛遇到的待判局面。

红方车四平七捉炮，判"捉"。

黑方炮3退2，判"闲"。

红方车七平四，能用一兵换取双士，过河兵（卒）价值浮动，一兵换取数子不算得子，判"闲"。

黑方炮3进2，判"闲"。

本例红方一捉一闲，黑方两闲，双方均属允许着法，按现行的"11 版规则"裁决：双方不变作和。

局例四

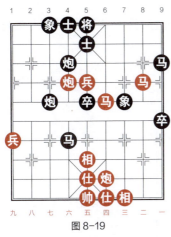

图 8-19

① 兵五平四（闲）
象 3 进 5（闲）
② 兵四平五（闲）
象 5 退 3（闲）

如图 8-19，选自 1985 年全国象棋团体锦标赛，柳大华与徐天红弈战形成的一则待判局面。

红方兵五平四，判"闲"。

黑方象 3 进 5，判"闲"。

红方兵四平五，伏兵五进一，象 7 退 5，马四进五，通过完整互吃交换后红方以一过河兵换取双象，一兵换取数子，不算得子，判"闲"。

黑方象 5 退 3，判"闲"。

本例双方都是两闲，均属允许着法，按现行的"11 版规则"裁决：双方不变作和。

第八章 谈兵卒

8. 强子或弱子换一个或数个过河兵(卒)

强子或弱子换一个或数个过河兵(卒),按"闲"处理。

局例一

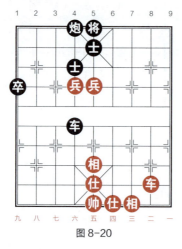

① 兵六平七(闲)
车 4 平 5(捉)
② 兵七平六(闲)
车 5 平 4(闲)

图 8-20

如图 8-20,选自 2013 年 6 月广东象棋网《裁判天地》,赵东与黄继良弈战形成的一则待判局面。

红方兵六平七,判"闲"。

黑方车 4 平 5 捉过河兵,判"捉"。

红方兵七平六,判"闲"。

黑方车 5 平 4,伏炮 4 进 3,兵五平六,车 4 退 2,黑方用一炮换取两个过河兵,不算得子,判"闲"。

本例红方两闲,黑方一捉一闲,双方均属允许着法,按现行的"11 版规则"裁决:双方不变作和。

局例二

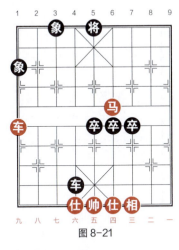

图 8-21

① 马四进二（闲）
   卒 7 平 8（闲）
② 马二退四（捉）
   卒 8 平 7（闲）

如图 8-21，红方马四进二，伏马二退三，卒 6 平 7，车九平五，将 5 平 4，车五平三，车 4 进 1，帅五进一，通过完整互吃交换后红方用一马一仕换取三个过河卒，不算得子，判"闲"。

黑方卒 7 平 8，判"闲"。

红方马二退四捉过河卒，判"捉"。

黑方卒 8 平 7，判"闲"。

本例红方一闲一捉，黑方两闲，双方均属允许着法，按现行的"11 版规则"裁决：双方不变作和。

局例三

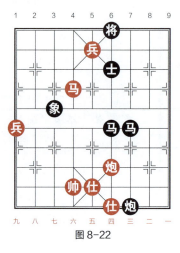

① 炮四退一（闲）
马7进8（捉）
② 炮四进一（闲）
马8退7（闲）

图 8-22

如图 8-22，红方炮四退一，与盘面上存在的红马捉士无关联，判"闲"。

黑方马7进8捉炮，判"捉"。

红方炮四进一与炮四退一同理，判"闲"。

黑方马8退7，伏马7进6，仕五进四，士6退5，马六进五，通过完整互吃交换后黑方用一马一士换取红方一炮一过河兵，相当于用一士换取红方一过河兵，过河兵价值浮动，判"闲"。

本例红方两闲，黑方一捉一闲，双方均属允许着法，按现行的"11版规则"裁决：双方不变作和。

二、兵（卒）的六捉

不要以为兵（卒）的捉子都是"闲"，出现以下六种情况，均按"捉"处理。

1. 走动兵（卒）后，其他子与兵（卒）同时产生捉

走动兵（卒）后，其他子与兵（卒）同时产生捉，按"捉"处理。

局例一

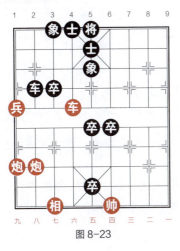

① 兵九平八（捉）
车2平1（闲）
② 兵八平九（捉）
车1平2（捉）

图 8-23

如图 8-23，红方兵九平八与兵八平九，用兵步步捉车的同时，兵后面的两门红炮也在利用红兵为炮台捉黑车，走动兵（卒）后，其他子与兵（卒）同时产生捉，判"捉"。

黑方车2平1，判"闲"，续着黑方车1平2捉无根炮，

判"捉"。

本例红方长捉属禁止着法,黑方一闲一捉属允许着法,按现行的"11版规则"裁决:红方变着,不变作负。

局例二

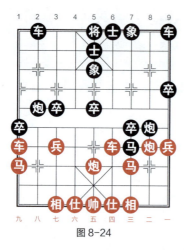

图 8-24

① 车九平八(闲)
　卒1平2(捉)
② 车八平九(闲)
　卒2平1(闲)

如图 8-24,红方两步平车,均为"闲"。

黑方卒1平2,卒本身捉车为闲,但卒1平2后造成2路炮同时捉车,判"捉";续着黑方卒2平1,卒本身捉车,判"闲"。

本例红方两闲,黑方一捉一闲,双方均属允许着法,按现行的"11版规则"裁决:双方不变作和。

局例三

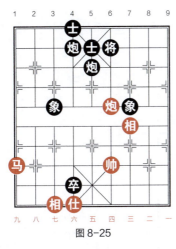

图 8-25

① 马九进七（捉）
　卒 4 平 3（闲）
② 马七退九（捉）
　卒 3 平 4（捉）

如图 8-25，红方马九进七与马七退九长捉黑方过河卒，均判"捉"。

黑方卒 4 平 3，卒本身捉相，判"闲"；续着黑方卒 3 平 4，走动卒后，黑 4 路炮与卒同时产生捉仕，判"捉"。

本例红方长捉属禁止着法，黑方一闲一捉属允许着法，按现行的"11 版规则"裁决：红方变着，不变作负。

2. 走动兵（卒）后，其他子产生新的捉

走动兵（卒）后，其他子产生新的"捉"，按"捉"处理。

局例一

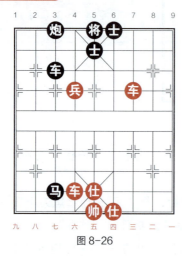

① 兵六平七（捉）
车 3 平 4（捉）
② 兵七平六（捉）
车 4 平 3（闲）

图 8-26

如图 8-26，红方兵六平七，兵本身捉黑车为闲，但同时它还起到了为黑马消根的作用，造成六路车捉马；走动兵（卒）后，其他子产生新的捉，判"捉"。

黑方车 3 平 4，捉不能离线的红方六路车，判"捉"。

红方兵七平六，兵本身捉黑车为闲，但同时它又起到了为黑马消根的作用，造成六路车捉马，判"捉"。

黑方车 4 平 3，判"闲"。

本例红方长捉属禁止着法，黑方一捉一闲属允许着法，按现行的"11 版规则"裁决：红方变着，不变作负。

局例二

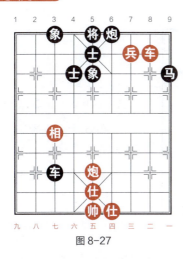

图 8-27

① 兵三平四（捉）
炮 6 平 7（杀）
② 兵四平三（闲）
炮 7 平 6（闲）

如图 8-27，红方兵三平四，用过河兵捉炮，因允许兵（卒）本身长捉对方的棋子，似乎一定是闲了。此时要注意，虽然兵捉炮不算捉，但兵三平四后，出现了新的捉，即中炮可以借兵之力净吃中士，黑方不敢落士吃炮，否则会被红方兵四平五，将 5 平 4，兵五平六，将 4 平 5，车二平五连杀将死，因此兵三平四，判"捉"。

黑方炮 6 平 7，下一着炮 7 进 9 将死红方，判"杀"。

红方兵四平三，用过河兵捉炮解杀，判"闲"。

黑方炮 7 平 6，判"闲"。

本例红方一捉一闲，黑方一杀一闲，双方均属允许着法，按现行的"11 版规则"裁决：双方不变作和。

局例三

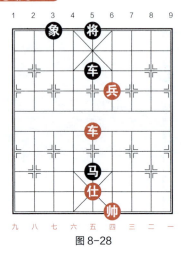

图 8-28

① 兵四平五（捉）
车 5 平 6（将）
② 兵五平四（将）
车 6 平 5（兑）

如图 8-28，选自惠喜发与张柏成两位棋友弈战形成的一则待判局面。

红方兵四平五，兵本身捉黑车为闲，但同时它还起到了为黑马消根的作用，造成红车捉马，走动兵（卒）后，其他子产生新的"捉"，判"捉"。

黑方车 5 平 6，直接攻击红帅，判"将"。

红方兵五平四，造成红车直接攻击黑将，判"将"。

黑方车 6 平 5，同兵种邀兑，红车一旦吃掉黑车后，不致立即被将死或在子力价值上遭受损失，符合"兑"的术语解释，判"兑"。

本例红方一捉一将属禁止着法，黑方一将一兑属允许着法，按现行的"11 版规则"裁决：红方变着，不变作负。

3. 兵（卒）吃子时，产生其他子将军

兵（卒）吃子时，产生其他子"将军"，按"捉"处理。

局例一

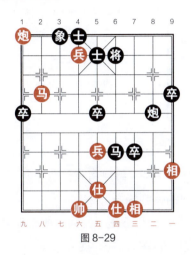

① 炮九退一（捉）
将6退1（闲）
② 炮九进一（闲）
将6进1（闲）

图8-29

如图8-29，选自2013年11月辽宁网络棋牌频道论坛《裁判世界》，陈玉奎棋友提出的一则待判局面。

红方炮九退一，造成过河兵吃中士，兵吃子时产生炮"将军"，判"捉"。

黑方将6退1，判"闲"。

红方炮九进一，兵借炮力捉子，判"闲"。

黑方将6进1，判"闲"。

本例红方一捉一闲，黑方两闲，双方均属允许着法，按现行的"11版规则"裁决：双方不变作和。

局例二

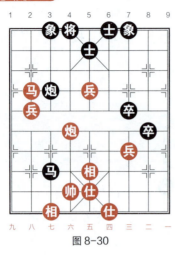

① 炮六进一（捉）
   马 3 退 5（捉）
② 炮六退一（捉）
   马 5 进 3（捉）

图 8-30

如图 8-30，选自 1988 年 5 月 21 日河南省开封市第二届全民运动会象棋团体赛中出现的待判局面。

红方炮六进一，伏兵五平六，士 5 进 4，兵六平七吃炮，需要注意的是兵吃子时产生炮"将军"，判"捉"。

黑方马 3 退 5 捉无根子红炮，判"捉"。

红方炮六退一，兵吃子时又产生炮"将军"，判"捉"。

黑方马 5 进 3 捉无根子红炮，判"捉"。

本例红方长联合捉无根子属禁止着法中第二类性质，黑方长捉无根子属禁止着法中第一类性质，按现行的"11 版规则"裁决：黑方变着，不变作负。

局例三

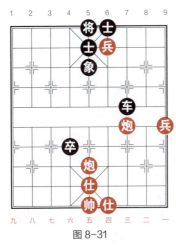

① 炮三平二(捉)
车7平8(捉)
② 炮二平三(杀)
车8平7(捉)

图 8-31

如图 8-31，选自 2013 年 9 月辽宁网络棋牌频道论坛《裁判世界》，张胜利棋友提出的一则待判局面。

红方炮三平二，伏炮二进五，车 7 退 4，兵四进一，将 5 平 4，兵四平三，红兵借炮之力吃底士为闲，但吃底士之后再用兵吃车时造成红炮将军，判"捉"。

黑方车 7 平 8 捉无根炮，判"捉"。

红方炮二平三，企图在下一着炮三进五将死黑方，判"杀"。

黑方车 8 平 7 捉无根炮，判"捉"。

本例红方一联合捉车一杀，黑方长捉无根子，双方均属禁止着法，按现行的"11 版规则"裁决：双方不变作和。

4. 主动送兵（卒）将军换取车

主动送兵（卒）将军换取车，按"捉"处理。

局例一

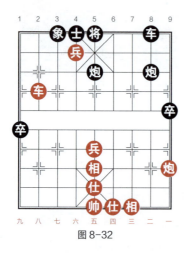

① 车八平七（捉）
象 3 进 1（闲）
② 车七平八（捉）
象 1 退 3（闲）

图 8-32

如图 8-32，选自 2000 年全国铁路职工象棋个人锦标赛，霍云祥与齐中术弈战形成的一则待判局面。

红方车八平七，捉象的同时，伏兵六进一，将 5 平 4，车七进三，将 4 进 1，车七平二吃车，主动送兵将军换取车，判"捉"。

黑方象 3 进 1，判"闲"。

红方车七平八，伏兵六进一，将 5 平 4，车八进三，将 4 进 1，车八平二，过河兵浮动的价值低于车，红方主动送兵将军换取车，判"捉"。

黑方象 1 退 3，判"闲"。

本例红方长捉属禁止着法，黑方两闲属允许着法，按现行的"11 版规则"裁决：红方变着，不变作负。

局例二

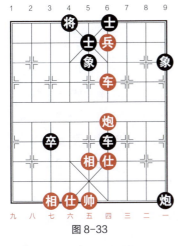

图 8-33

① 车四平六（将）
将 4 平 5（闲）
② 车六平四（捉）
将 5 平 4（捉）

如图 8-33，红方车四平六，直接攻击黑将，判"将"。

黑方将 4 平 5，动将应将，判"闲"。

红方车六平四，伏兵四进一，士 5 退 6（若改走将 5 平 4，车四平六，士 5 进 4，车六进二将死黑方），炮四平五，士 6 进 5，车四退三，主动送兵将军换取车，判"捉"。

黑方将 5 平 4，造成车 6 进 1 吃仕，判"捉"。

本例红方一将一捉属禁止着法，黑方一闲一捉属允许着法，按现行的"11 版规则"裁决：红方变着，不变作负。

局例三

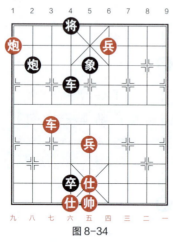

图 8-34

① 车七平八（捉）
   炮 2 平 3（杀）
② 车八平七（捉）
   炮 3 平 2（捉）

如图 8-34，红方车七平八捉无根炮，判"捉"。

黑方炮 2 平 3，下一着炮 3 进 7 "闷宫"杀，判"杀"。

红方车八平七捉无根炮，判"捉"。

黑方炮 3 平 2，伏炮 2 进 7，车七退四，卒 4 进 1，仕五退六，车 4 进 6，帅五进一，车 4 平 3，黑方牺牲一过河卒，换取一车双仕，过河兵（卒）浮动价值低于车，主动送兵（卒）将军换取车，判"捉"。

本例红方为长捉无根子，黑方一杀一联合捉车，双方均属禁止着法，按现行的"11 版规则"裁决：双方不变作和。

5. 走动其他子，借兵（卒）之力产生新的捉

走动其他子，借兵（卒）之力产生新的捉，按"捉"处理。

局例一

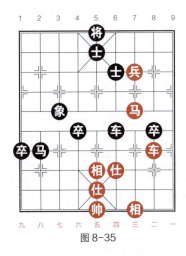

① 车二平一（捉）
　卒8平9（闲）
② 车一平二（捉）
　卒9平8（闲）

图 8-35

如图8-35，选自2013年11月辽宁网络棋牌频道论坛《裁判世界》发表的李公震与项景林弈战，形成的一则待判局面。

红方车二平一，能够通过进底车将军，造成其他子红马借兵（卒）之力吃士，判"捉"。

黑方卒8平9，卒本身允许长捉，判"闲"。

红方车一平二，其走子性质与车二平一相同，判"捉"。

黑方卒9平8，过河卒捉车，吃车后丢卒，亦判"闲"。

本例红方长捉属禁止着法，黑方两闲属允许着法，按现行的"11版规则"裁决：红方变着，不变作负。

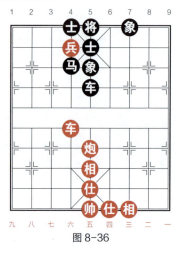

① 炮五平二（捉）
车 5 平 8（捉）
② 炮二平五（捉）
车 8 平 5（捉）

图 8-36

如图 8-36，红方炮五平二，伏炮二进六，象 7 进 9，炮二平六，士 5 退 4，车六进三。借兵之力红方以一炮换取对方一马一士，在子力价值上有收获，符合得子规定，判"捉"。

黑方车 5 平 8 捉无根炮，判"捉"。

红方炮二平五，造成相关子肋车联合捉黑方士角马，判"捉"。

黑方车 8 平 5 捉无根炮，判"捉"。

本例红方长联合捉子属禁止着法中第二类性质，黑方长捉无根子属禁止着法中第一类性质，按现行的"11 版规则"裁决：黑方变着，不变作负。

局例三

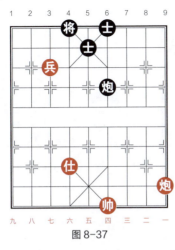

图 8-37

① 炮一进八（将）
　将 4 进 1（闲）
② 炮一退八（捉）
　将 4 退 1（闲）

如图 8-37，红方炮一进八，直接攻击黑将，判"将"。

黑方将 4 进 1，动将应将，判"闲"。

红方炮一退八，伏下一着炮一平六，士 5 进 4，炮六进六，炮借兵力得士，判"捉"。

黑方将 4 退 1，判"闲"。

本例红方一将一捉属禁止着法，黑方两闲属允许着法，按现行的"11 版规则"裁决：红方变着，不变作负。

局例四

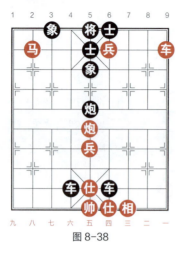

图 8-38

① 炮五平三（杀）
炮 5 平 7（杀）
② 炮三平五（捉）
炮 7 平 5（杀）

如图 8-38，红方炮五平三，下一着炮三进五将死黑方，判"杀"。

黑方炮 5 平 7，下一着炮 7 进 5 将死红方，判"杀"。

红方炮三平五，炮借车、兵之力，伏下一着可以净吃中士，判"捉"。

黑方炮 7 平 5，下一着起炮 5 进 2，仕五进四，车 6 平 5 将死红方，判"杀"。

本例红方一杀一联合捉子属禁止着法中第二类性质，黑方长杀属禁止着法中第一类性质，按现行的"11 版规则"裁决：黑方变着，不变作负。

6. 子力交换中，兵（卒）参与吃子并造成得子

在完整子力交换中，兵（卒）参与吃子并造成得子，按"捉"处理。

局例一

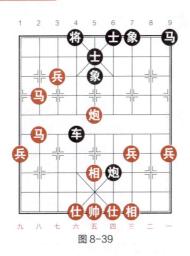

① 炮五平六（捉）
　将4平5（捉）
② 炮六平五（捉）
　将5平4（捉）

图8-39

如图8-39，红方炮五平六，伏下一着兵七平六，车4退1，后马进六，士5进4，马八进六，红方以一马一兵换取黑方一车一士，在完整子力交换中，兵（卒）参与吃子并造成得子，判"捉"。

黑方将4平5，走子前黑车不能离线吃红马，一旦离线会被红方前马进六将死，走子后能够吃红马，判"捉"。

红方炮六平五，伏下一着前马进六，将5平4，炮五平六，车4退1，马八进六，士5进4，兵七平六，红方以一炮一马换取黑方一车一士，符合得子规定，判"捉"。

黑方将5平4，助肋车吃马或吃仕，判"捉"。

本例红方长联合捉子属禁止着法中第二类性质,黑方长捉无根子属禁止着法中第一类性质;按现行的"11版规则"裁决:黑方变着,不变作负。

局例二

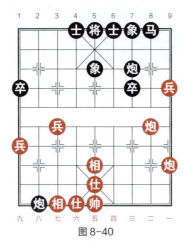

① 兵一平二(捉)
　　马8进9(闲)
② 兵二平一(捉)
　　马9退8(闲)

图8-40

如图8-40,红方兵一平二,走动兵造成红炮捉黑马,判"捉"。

黑方马8进9避捉,判"闲"。

红方兵二平一,能用一炮换取对方一马一象,在完整子力交换中,兵(卒)参与吃子并造成得子,按"捉"处理。

黑方马9退8,判"闲"。

本例红方长捉属禁止着法,黑方两闲属允许着法,按现行的"11版规则"裁决:红方变着,不变作负。

三、兵（卒）的作杀

1. 兵（卒）同单车配合

兵（卒）同单车配合作杀，按"杀"处理。

局例一

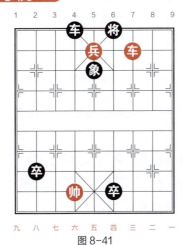

① 兵五平六（闲）
车 4 平 3（闲）
② 兵六平五（杀）
车 3 平 4（将）

图 8-41

如图 8-41，红方兵五平六捉车，判"闲"。

黑方车 4 平 3，判"闲"。

红方兵六平五，下一着同单车配合将死黑方，判"杀"。

黑方车 3 平 4，直接攻击红帅，判"将"。

本例红方一闲一杀，黑方一闲一将，双方均属允许着法，按现行的"11 版规则"裁决：双方不变作和。

第八章　谈兵卒

局例二

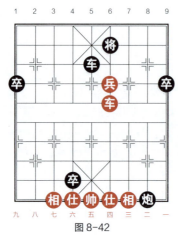

图 8-42

① 兵四平五（将）
车 5 平 6（兑）
② 兵五平四（杀）
车 6 平 5（将）

如图 8-42，红方兵四平五，造成红车直接攻击黑将，判"将"。

黑方车 5 平 6，应将的同时与同兵种红车邀兑，而红车一旦吃掉黑车后，不致立即被将死或立即在子力价值上遭受损失，符合"兑"的术语解释，判"兑"。

红方兵五平四，企图下一着兵四进一，将 6 退 1，兵四进一将死黑方，判"杀"。

黑方车 6 平 5，直接攻击红帅，判"将"。

本例红方一将一杀属禁止着法，黑方一兑一将属允许着法，按现行的"11 版规则"裁决：红方变着，不变作负。

2. 兵（卒）同其他子配合

兵（卒）同其他子配合作杀，按"杀"处理。

局例一

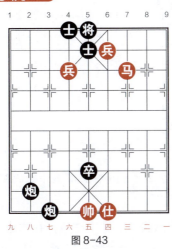

图8-43

① 帅五平六（闲）
　卒5平4（杀）
② 帅六平五（杀）
　卒4平5（杀）

如图8-43，红方帅五平六，判"闲"。

黑方卒5平4，过河卒同双炮配合下一着炮2进1将死红方，判"杀"。

红方帅六平五，下一着兵四进一将死黑方，判"杀"。

黑方卒4平5，又同双炮配合作杀，判"杀"。

本例红方一闲一杀属允许着法，黑方长杀属禁止着法，按现行的"11版规则"裁决：黑方变着，不变作负。

局例二

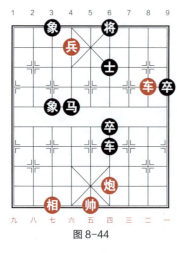

① 炮四平八（杀）
车6平2（捉）
② 炮八平四（杀）
车2平6（捉）

图 8-44

如图 8-44，选自 1974 年 7 月 24 日全国棋类比赛张新全与郭长顺弈战出现的待判局面。

红方炮四平八，下一着炮八进八，象 3 进 1，兵六进一，象 3 退 1，兵六平五，将 6 进 1，车二进二将死黑方，判"杀"。

黑方车 6 平 2 捉无根炮，判"捉"。

红方炮八平四，下一着车二进三将军，待将 6 进 1 后，再兵六平五将死黑方，判"杀"。

黑方车 2 平 6 捉无根炮，判"捉"。

本例红方长杀，黑方长捉无根子，双方均属禁止着法，按现行的"11 版规则"裁决：双方不变作和。

局例三

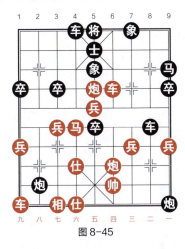

图8-45

① 兵五平四（杀）
　卒5平6（闲）
② 兵四平五（杀）
　卒6平5（闲）

如图8-45，红方兵五平四，下一着车四进三将死黑方，判"杀"。

黑方卒5平6判"闲"。

红方兵四平五，下一着车四进三将死黑方，判"杀"。

黑方卒6平5判"闲"。

本例红方长杀属禁止着法，黑方两闲属允许着法，按现行的"11版规则"裁决：红方变着，不变作负。

四、兵（卒）的将军

兵（卒）的将军，按"将"处理。

局例一

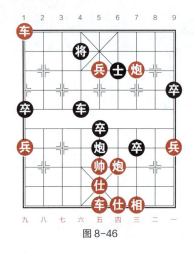

图 8-46

① 兵五平六（将）

将 4 平 5（闲）

② 兵六平五（将）

将 5 平 4（闲）

如图 8-46，选自 2009 年上海市陈根发与棋友弈战形成的待判局面。

红方兵五平六与兵六平五，步步用兵直接攻击黑将，均判"将"。

黑方将 4 平 5 与将 5 平 4，动将应将，均判"闲"。

本例红方单方面长将，按现行的"11 版规则"裁决：红方单方面长将，立即作负。

局例二

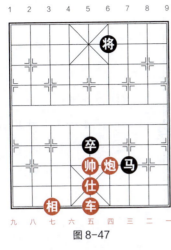

图 8-47

① 帅五平六（闲）
　卒 5 平 4（将）
② 帅六平五（闲）
　卒 4 平 5（将）

如图 8-47，红方帅五平六与帅六平五，步步动帅应将，均为"闲"。

黑方卒 5 平 4 与卒 4 平 5，步步直接攻击红帅，均判"将"。

本例黑方单方面长将，按现行的"11 版规则"裁决：黑方单方面长将，立即作负。

局例三

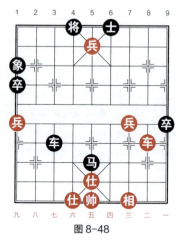

图8-48

① 兵五平六（将）
将4平5（闲）
② 兵六平五（将）
将5平4（闲）

如图8-48，红方兵五平六与兵六平五，步步直接攻击黑将，均判"将"。

黑方将4平5与将5平4，步步动将应将，均判"闲"。

本例红方单方面长将，按现行的"11版规则"裁决：红方单方面长将，立即作负。

第九章 说帅将

象棋中帅与将在七种棋子中地位最高,但只能坐镇九宫,足不出宫,捉子的机会少。

因此《棋例通则》赋予它的特权是允许帅(将)本身长捉。

一、应将

1. 走动帅(将)应将而产生的杀

走动帅(将)应将而产生的杀,按"闲"处理。

局例一

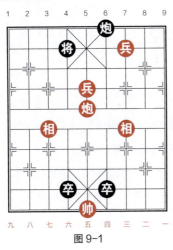

图 9-1

① 兵五平六(杀)
  将 4 平 5(闲)
② 兵六平五(将)
  将 5 平 4(闲)

如图 9-1，选自 2014 年 3 月辽宁网络棋牌频道论坛"裁判世界"，棋友胡智慧提出的一则待判局面。

红方兵五平六，企图在下一着炮五平六将死黑方，判"杀"。

黑方将 4 平 5，判"闲"。

红方兵六平五，造成其他子中炮直接攻击黑将，判"将"。

黑方将 5 平 4，走动将应将产生新的卒 4 进 1 或卒 4 平 5 的"杀"，判"闲"。

本例红方一杀一将属禁止着法，黑方两闲属允许着法，按现行的"11 版规则"裁决：红方变着，不变作负。

局例二

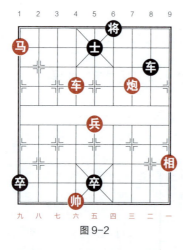

① 车六平四（将）
   将 6 平 5（闲）
② 车四平六（捉）
   将 5 平 6（闲）

图 9-2

如图 9-2，选自古局"停车问路"中的一则待判局面。

红方车六平四，直接攻击黑将，判"将"。

黑方将 6 平 5，走动将应将而产生的车 8 平 4 的杀，判"闲"。

红方车四平六，走子后造成其他子红炮下一着能够平中将军后炮五退五吃过河卒,判"捉"。

黑方将5平6,判"闲"。

本例红方一将一捉属禁止着法,黑方两闲属允许着法,按现行的"11版规则"裁决:红方变着,不变作负。

局例三

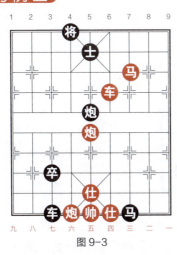

① 车四平六(将)

将4平5(闲)

② 车六平四(杀)

将5平4(杀)

图9-3

如图9-3,选自2010年北京市象棋裁判员培训班考试试题。

红方车四平六,直接攻击黑将,判"将"。

黑方将4平5,走动将应将而产生的马7退6的"杀",按"闲"处理。

红方车六平四,下一着车四进三铁门栓杀,判"杀"。

黑方将5平4,下一着车3平4将死红方,判"杀"。

本例红方一将一杀属禁止着法,黑方一闲一杀属允许着法,按现行的"11版规则"裁决:红方变着,不变作负。

2. 走动帅(将)应将而产生的捉

走动帅(将)应将而产生的捉,按"闲"处理。

局例一

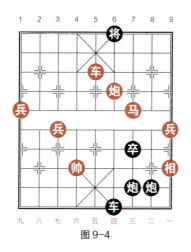

① 帅六平五(杀)
车 6 平 5(将)
② 帅五平六(闲)
车 5 平 6(捉)

图 9-4

如图 9-4,选自 1988 年全国象棋个人锦标赛,童本平与宗永生弈战形成的一则待判局面。

红方帅六平五,下一着车五平四将死黑方,判"杀"。

黑方车 6 平 5,直接攻击红帅,判"将"。

红方帅五平六,走动帅应将后产生的红车对黑车的捉,判"闲"。

黑方车 5 平 6 捉炮,判"捉"。

本例红方一杀一闲属允许着法,黑方一将一捉属禁止着法,按现行的"11 版规则"裁决:黑方变着,不变作负。

局例二

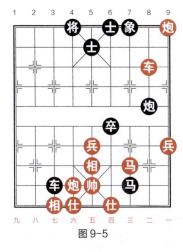

图 9-5

① 车二平六（将）
将 4 平 5（闲）
② 车六平二（捉）
将 5 平 4（杀）

如图 9-5，选自 2012 年 10 月广东象棋网《裁判天地》，棋友南海骑鲸提出的一则待判局面。

红方车二平六，直接攻击黑将，判"将"。

黑方将 4 平 5，走动将应将而产生的中士捉车，判"闲"。

红方车六平二捉炮，判"捉"。

黑方将 5 平 4，下一着车 3 平 4 将死红方，判"杀"。

本例红方一将一捉属禁止着法，黑方一闲一杀属允许着法，按现行的"11 版规则"裁决：红方变着，不变作负。

3. 走动其他子应将后产生新的杀

走动其他子应将后产生新的杀，按"杀"处理。

局例一

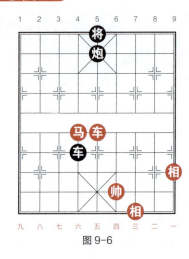

① 车五平四（杀）
　炮5平6（将）
② 车四平五（将）
　炮6平5（杀）

图9-6

如图9-6，选自2011年《棋艺》"规则问答"中的一则待判局面。

红方车五平四，下一着车四进五将死黑方，判"杀"。

黑方炮5平6，直接攻击红帅，判"将"。或许会有棋友提出疑问，黑方为了解杀把无根炮送给红车吃，红方吃炮，黑方吃马，半斤对八两都不吃亏啊，怎么成了最严重的"将"了？

让我们认真剖析一下黑方的炮5平6的走棋性质。

其一，走炮送给红车吃，红车吃炮后，不致立即被对方将死或立即在子力价值上遭受损失者（得炮失马，炮马价值相当），黑炮对红车是"献"的关系。

其二，走炮后直接攻击红帅，黑炮对红帅是将军的关系；凡走子兼具多种作用时，应从重裁处，献兼将，按"将"处理。

红方车四平五，解将的同时直接攻击黑将，判"将"。

黑方炮6平5，走动黑炮应将后产生新的车4平6的杀，判"杀"。

本例红方一杀一将，黑方一将一杀，双方均属禁止着法，按现行的"11版规则"裁决：双方不变作和。

局例二

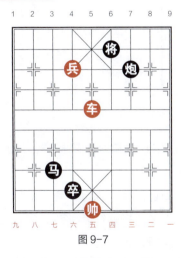

① 车五平四（将）
　炮7平6（杀）
② 车四平五（闲）
　炮6平7（杀）

图9-7

如图9-7，选自2013年6月广东象棋网《裁判天地》，棋友棋例人生提出的一则待判局面。

红方车五平四，直接攻击黑将，判"将"。

黑方炮7平6，走动黑炮应将后产生新的卒4进1或卒4平5的杀，判"杀"。

红方车四平五，判"闲"。

黑方炮6平7，走动黑炮产生新的卒4进1的杀，判"杀"。

本例红方一将一闲属允许着法，黑方长杀属禁止着法，按现行的"11版规则"裁决：黑方变着，不变作负。

局例三

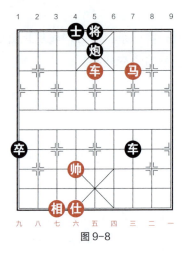

① 车五平四（杀）
　炮5平7（杀）
② 车四平五（将）
　炮7平5（杀）

图9-8

如图9-8，选自1998年辽宁省象棋个人锦标赛，尚威与金松弈战形成的一则待判局面。

红方车五平四，下一着车四进二将死黑方，判"杀"。

黑方炮5平7，下一着车7平4将死红方，判"杀"。

红方车四平五，直接攻击黑将，判"将"。

黑方炮7平5，走动黑炮应将后产生新的车7平4的杀，判"杀"。

本例红方一杀一将，黑方长杀，双方均属禁止着法，按现行的"11版规则"裁决：双方不变作和。

4. 走动其他子应将后产生新的捉

走动其他子应将后产生新的捉，按"捉"处理。

局例一

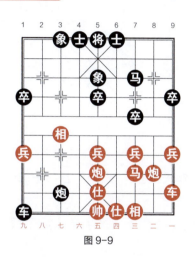

① 仕五退六（捉）
  炮 3 进 1（将）
② 仕六进五（闲）
  炮 3 退 1（将）

图 9-9

如图 9-9，红方仕五退六应将，造成红车捉炮，这是其他子应将产生新的捉，判"捉"。

黑方炮 3 进 1，直接攻击红帅，判"将"。

红方仕六进五，应将未产生新的捉，判"闲"。

黑方炮 3 退 1 捉车的同时黑车直接攻击红帅，捉兼将，从重判"将"。

本例红方一捉一闲属允许着法，黑方长将属禁止着法，按现行的"11 版规则"裁决：黑方单方面长将，立即判负。

局例二

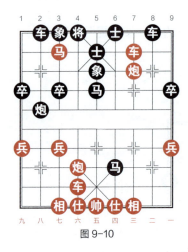

图9-10

① 车六平四（捉）
   马6退5（捉）
② 车四平六（杀）
   前马进6（将）

如图9-10，选自2011年《棋艺》"规则问答"中的一则待判局面。

红方车六平四，走动红车应将后，产生新的捉无根马，判"捉"。

黑方马6退5捉无根炮，判"捉"。

红方车四平六，下一着炮六平五，士5进4，车六进六将死黑方，判"杀"。

黑方马5进6，直接攻击红帅，判"将"。

本例红方一捉无根子一杀，黑方一捉无根子一将，双方均属禁止着法，按现行的"11版规则"裁决：双方不变作和。

局例三

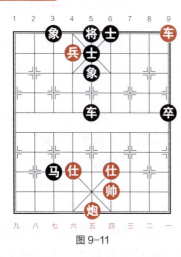

图 9-11

① 仕四退五（捉）
车 5 平 6（将）
② 仕五进四（捉）
车 6 平 5（捉）

如图 9-11，选自 2012 年 5 月广东象棋网《裁判天地》，棋友研讨棋例时提出的一则待判局面。

红方仕四退五，造成中炮（其他子）捉车，判"捉"。

黑方车 5 平 6，直接攻击红帅，判"将"。

红方仕五进四，走动红仕应将后，盘面上呈现两个捉：其一，兵六平五吃士，兵本身允许长捉；其二，造成红炮对假根子中士产生新的捉；我们遵从攻则严的原则，裁决红方仕五进四，为"捉"。

黑方车 6 平 5 捉无根炮，判"捉"。

本例红方一捉车一联合捉子属禁止着法中第二类性质，黑方一将一捉无根子属禁止着法中第一类性质，按现行的"11 版规则"裁决：黑方变着，不变作负。

二、自毙

甲方将军乙方,以致形成己方的被杀状态,如乙方用除帅(将)以外其他子应将的着法不属将、杀或捉,则甲方将军这着棋称为"自毙"。

"自毙"一词起源于《1987象棋竞赛规则》,存在12年后,《1999象棋竞赛规则》把它删掉了。虽然"自毙"一词不见了,但在棋例裁决的实践中还经常遇到类似自毙的着法,每逢遇见这样的着法,裁决其走棋性质时,尽管法无明文,但仍要按"自毙"条文精神予以裁决。

"11版规则"又把"自毙"列入棋例术语解释中。值得说明的是"11版规则"第26.1.2条款已经规定,走动帅(将)应将而产生的"捉""杀",按"闲"处理。这一条款简单明了,便于裁判员掌握。因此"自毙"这一条款应用范围逐渐在缩小,仅限于用除帅(将)以外其他子应将。

局例一

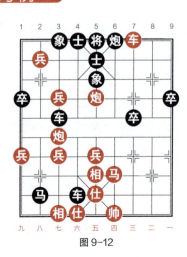

① 马四进二(杀)
车3平6(将)
② 马二退四(闲)
车6平3(将)

图9-12

如图9-12，选自2013年11月辽宁网络棋牌频道论坛《裁判世界》，棋友陈建明提出的一则待判局面。

红方马四进二，企图在下一着车三平四将死黑方，判"杀"。

黑方车3平6，直接攻击红帅，判"将"。

红方马二退四应将，盘面上存在的炮七进五的杀，是因为上一着黑方车3平6将军离位造成的，车3平6将军这着棋称为"自毙"。一方形成"自毙"，应由己方负责，因此马四退二判"闲"。

黑方车6平3，造成底炮直接攻击红帅，判"将"。

本例红方一杀一闲属允许着法，黑方长将属禁止着法，按现行的"11版规则"裁决：黑方单方长将，立即作负。

局例二

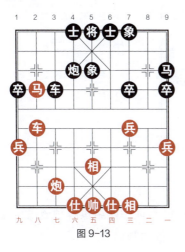

图9-13

① 相五进七（捉）
车3平5（将）
② 相七退五（闲）
车5平3（闲）

如图9-13，选自2012年"句容茅山杯"象棋大赛预赛，第3轮弈战中出现的一则待判局面。

红方相五进七，造成其他子红炮捉车，判"捉"。

黑方车3平5，直接攻击红帅，判"将"。

红方相七退五应将，虽然盘面上存在着挂角马的杀，但这是由于黑方前着车3平5将军造成的，车3平5是"自毙"，"自毙"责任自负，因此相七退五，判"闲"。

黑方车5平3，表面上是捉红炮，但这是一个假象，倘若下一着车3进5吃炮，会立即被红方马八进六，将5进1，车八进四将死，判"闲"。

本例红方一捉一闲，黑方一将一闲，双方均属允许着法，按现行的"11版规则"裁决：双方不变作和。

局例三

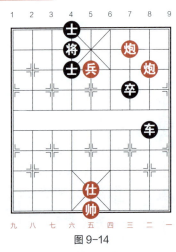

① 仕五退四（杀）
　车8平5（将）
② 仕四进五（闲）
　车5平8（捉）

图9-14

如图9-14，选自2013年11月辽宁网络棋牌频道论坛《裁判世界》，棋友陈建明提出的一则待判局面。

红方仕五退四，下一着兵五进一将死黑方，判"杀"。

黑方车8平5，直接攻击红帅，判"将"。

红方仕四进五，应将后盘面上存在的炮二进一的杀，是因为上一着黑方车8平5将军离位造成的,车8平5将军这着棋称为"自毙",一方形成"自毙",应由己方负责,不得视为另一方造成,因此仕四进五,判"闲"。

黑方车5平8捉炮,判"捉"。

本例红方一杀一闲属允许着法,黑方一将一捉属禁止着法,按现行的"11版规则"裁决:黑方变着,不变作负。

局例四

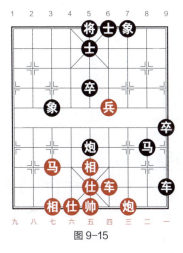

图9-15

① 车四进二(捉)
  马8进8(将)
② 车四退二(闲)
  马7退8(兑)

如图9-15,选自2013年棋友范若愚自拟的一则待判局面。

红方车四进二捉马,判"捉"。

黑方马8进7,直接攻击红帅,判"将"。

红方车四退二,应将后盘面上存在着红炮的闷宫杀,是上一着黑方马8进7将军造成的,马8进7将军这着棋为"自毙",一方形成"自毙",应由己方自负,此外,盘面上一直存在的红马吃中炮与循环着法无关,不予考虑。因此车四退

二、判"闲"。

黑方马7退8，造成黑车邀兑红车，红方兑子后，不致立即被杀或子力价值受损，判"兑"。

本例红方一捉一闲，黑方一将一兑，双方均属允许着法，按现行的"11版规则"裁决：双方不变作和。

三、帅（将）本身允许长捉

局例一

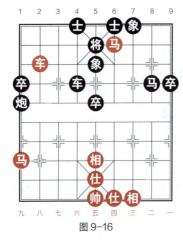

① 车八进一（将）
　将5退1（闲）
② 车八退一（捉）
　将5进1（闲）

图9-16

如图9-16，选自2012年第二届"辛集国际皮革城杯"象棋公开赛，张玉具与晋向军第13轮弈战出现的一则待判局面。

红方车八进一，直接攻击黑将，判"将"。

黑方将5退1，动将应将，判"闲"。

红方车八退一捉象,还伏有马四退六挂角,逼黑方车吃马,车八平六得车,判"捉"。

黑方将5进1捉马,将本身捉子,判"闲"。

本例红方一将一捉属禁止着法,黑方两闲属允许着法,按现行的"11版规则"裁决:红方变着,不变作负。

局例二

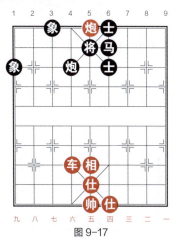

① 炮五平六(闲)
　将5平4(捉)
② 炮六平五(闲)
　将4平5(闲)

图9-17

如图9-17,选自2013年12月,棋友王恩淳提出的一则待判局面。

红方炮五平六,与红车捉炮无关联,判"闲"。

黑方将5平4,走动将后,黑炮邀兑红炮,红炮主动吃炮后不致立即被将死或立即在子力价值上遭受损失,符合"兑"的术语解释,同时还造成黑马与将同时捉炮,兑兼捉,从重判"捉"。

红方炮六平五避捉,判"闲"。

黑方将4平5,将本身允许长捉,判"闲"。

本例红方两闲，黑方一捉一闲，双方均属允许着法，按现行的"11版规则"裁决：双方不变作和。

四、帅（将）的四捉

1. 走动帅（将）后，与其他子配合同时产生捉

走动帅（将）后，与其他子配合同时产生捉，按"捉"处理。

局例一

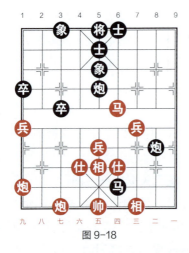

图9-18

① 帅五进一（捉）
  马6退8（捉）
② 帅五退一（闲）
  马8进6（捉）

如图9-18，选自1984年辽宁队荣获全国象棋团体冠军后，孟立国教练率参赛队员来锦州表演时，孟立国与锦州名手甄希武弈战时形成的待判局面。

红方帅五进一，走动帅后与炮配合同时产生捉，判"捉"。

黑方马6退8，捉假根子三路相，判"捉"。

红方帅五退一，判"闲"。

黑方马8进6捉无根仕，判"捉"。

本例红方一捉一闲属允许着法，黑方长捉属禁止着法，按现行的"11版规则"裁决：黑方变着，不变判负。

局例二

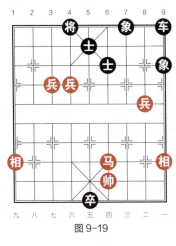

图9-19

① 帅四平五（捉）
    卒5平6（闲）
② 帅五平四（闲）
    卒6平5（闲）

如图9-19，红方帅四平五，走动帅后与其他子红马配合同时捉过河卒，判"捉"。

黑方卒5平6，判"闲"。

红方帅五平四，帅本身捉过河卒，判"闲"。

黑方卒6平5，判"闲"。

本例红方一捉一闲，黑方两闲，双方均属允许着法，按现行的"11版规则"裁决：双方不变作和。

2. 走动帅（将）后，其他子产生新的捉

走动帅（将）后，其他子产生新的捉，按"捉"处理。

局例一

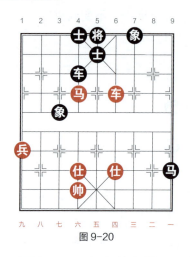

① 帅六平五（捉）
车4平5（将）
② 帅五平六（闲）
车5平4（闲）

图9-20

如图9-20，红方帅六平五，伏下一着马六进四，车4平6（将5平6，马四进二，将6平5，车四进三杀），车四进一得车，判"捉"。

黑方车4平5，直接攻击红帅，判"将"。

红方帅五平六，动帅应将，判"闲"。

黑方车5平4，判"闲"。

本例红方一捉一闲，黑方一将一闲，双方均属允许着法，按现行的"11版规则"裁决：双方不变作和。

局例二

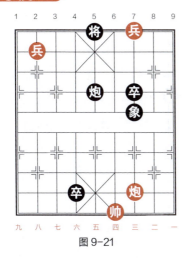

图9-21

① 帅四进一（捉）
  炮5进5（兑）
② 帅四退一（捉）
  炮5退5（闲）

如图9-21，选自江湖八大棋局"炮打两狼关"演变而成的待判局面。

红方帅四进一，用帅作炮台，造成红炮借帅之力捉黑过河卒，这是走动帅后红炮对黑过河卒产生的新的捉，判"捉"。

黑方炮5进5，邀兑红炮，红炮一旦吃掉黑炮后，不致立即被将死或立即在子力价值上遭受损失，符合"兑"的术语解释，判"兑"。

红方帅四退一，造成红炮捉黑过河卒，判"捉"。

黑方炮5退5，判"闲"。

本例红方长捉属禁止着法，黑方一兑一闲属允许着法，按现行的"11版规则"裁决：红方变着，不变作负。

局例三

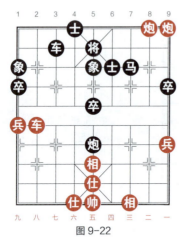

① 炮二退一（捉）
　将5退1（捉）
② 炮二进一（将）
　将5进1（闲）

图9-22

如图9-22，选自2011年8月广东象棋网《裁判天地》，棋友研讨棋例时提出的一则待判局面。

红方炮二退一捉车，判"捉"。

黑方将5退1，走动将后其他子黑车对红炮产生新的捉，判"捉"。

红方炮二进一，造成一路炮直接攻击黑将，判"将"。

黑方将5进1，动将应将，判"闲"。

本例红方一捉一将属禁止着法，黑方一捉一闲属允许着法，按现行的"11版规则"裁决：红方变着，不变作负。

3. 走动帅（将）后，其他子解除拴绑

走动帅（将）后，其他子解除拴绑产生新的捉，按"捉"处理。

局例一

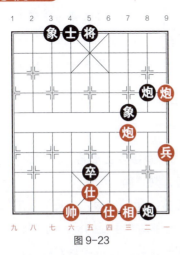

① 帅六进一（捉）
前炮退1（将）
② 帅六退一（闲）
前炮进1（闲）

图9-23

如图9-23，选自1988年全国象棋锦标赛，李成与于红木弈战形成的待判局面。

红方帅六进一，解开红相被拴绑的状态，造成红相捉黑过河卒，这是帅走动后其他子产生的新的捉，判"捉"。

黑方前炮退1，直接攻击红帅，判"将"。

红方帅六退一，动帅应将，判"闲"。

黑方前炮进1，过河卒借助黑炮之力捉中仕，判"闲"。

本例红方一捉一闲，黑方一将一闲，双方均属允许着法，按现行的"11版规则"裁决：双方不变作和。

局例二

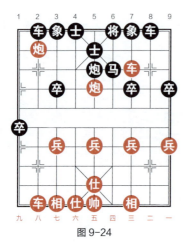

① 炮五平四（将）
将 6 平 5（闲）
② 炮四平五（捉）
将 5 平 6（捉）

图 9-24

如图 9-24，红方炮五平四，直接攻击黑将，判"将"。

黑方将 6 平 5，动将应将，判"闲"。

红方炮四平五，消除了黑方士角马的根，士角马变成假根子，造成相关子红车对假根子士角马产生新的捉，判"捉"。

黑方将 5 平 6，使中炮解开拴绑，造成中炮对红车产生新的捉，判"捉"。

本例红方一将一捉属禁止着法，黑方一闲一捉属允许着法，按现行的"11 版规则"裁决：红方变着，不变作负。

局例三

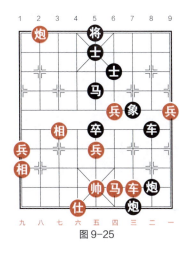

图 9-25

① 帅五退一（捉）
炮 8 进 1（将）
② 帅五进一（闲）
炮 8 退 1（闲）

如图 9-25，选自 1998 年全国象棋锦标赛（个人），郑乃东与胡荣华于 12 月 11 日弈战中形成的待判局面。

红方帅五退一，摆脱了黑方 8 路炮的牵制，造成下一着红车解开拴绑离线吃黑炮，判"捉"。

黑方炮 8 进 1，直接攻击红帅，判"将"。

红方帅五进一，动帅应将，判"闲"。

黑方炮 8 退 1 拴绑红方车、马，判"闲"。

本例红方一捉一闲，黑方一将一闲，双方均属允许着法，按现行的"11 版规则"裁决：双方不变作和。

局例四

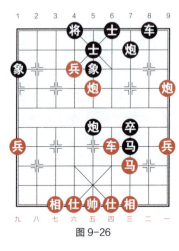

图 9-26

① 炮五平六（将）
　将 4 平 5（闲）
② 炮六平五（闲）
　将 5 平 4（捉）

如图 9-26，选自 1991 年 3 月 24 日在广东澄海县（今澄海区）举办的"鳌鱼杯"第二届棋王挑战赛，李来群与吕钦第 5 局弈战形成的待判局面。

红方炮五平六，直接攻击黑将，判"将"。

黑方将 4 平 5，盘面上存在的中士对红方过河兵的捉，是走动将应将后产生的捉，判"闲"。

红方炮六平五，拴绑黑士保护红兵，判"闲"。

黑方将 5 平 4，解开了红炮对中士的拴绑，造成了中士从没捉过河兵到捉过河兵，判"捉"。

本例红方一将一闲，黑方一闲一捉，双方均属允许着法，按现行的"11 版规则"裁决：双方不变作和。

4. 走动帅(将)后,其他子从没捉到捉

走动帅(将)后,使其他子从没捉到捉,按"捉"处理。

局例一

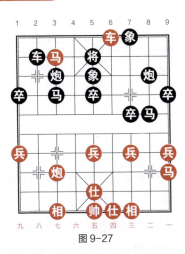

① 车四平五(将)
　将5平4(闲)
② 车五平四(捉)
　将4平5(捉)

图9-27

如图9-27,选自1997年内蒙古自治区第十三届象棋个人锦标赛,李成与棋友弈战形成的一则待判局面。

红方车四平五,直接攻击黑将,判"将"。

黑方将5平4,动将应将,判"闲"。

红方车五平四,伏车四退一,将4退1,马七退五,马3退5,车四平八,炮3进7,通过完整互吃交换,红方用一马一相换取黑方一车一象,判"捉"。

黑方将4平5,走子前黑车不敢吃红马,因红马以车为暗根,而走子后,消除了红马的暗根,造成黑车能够吃红马,判"捉"。

本例红方一将一捉属禁止着法,黑方一闲一捉属允许着法,按现行的"11版规则"裁决:红方变着,不变作负。

局例二

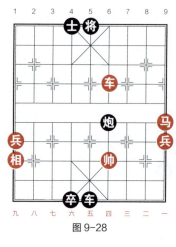

① 帅四退一（捉）
车5退1（将）
② 帅四进一（闲）
车5进1（杀）

图9-28

如图9-28，选自2010年北京市象棋一级裁判员培训班刘国斌先生讲稿中的一则待判局面。

红方帅四退一，走子前四路红车不能吃炮，否则会被黑方车5平6将死，况且黑炮有车为暗根，走子后既解了杀着，又消除了黑炮的暗根，造成四路红车能吃炮，判"捉"。

黑方车5退1，直接攻击红帅，判"将"。

红方帅四进一，动帅应将，判"闲"。

黑方车5进1，下一着车5平6将死红方，判"杀"。

本例红方一捉一闲属允许着法，黑方一将一杀属禁止着法，按现行的"11版规则"裁决：黑方变着，不变作负。

局例三

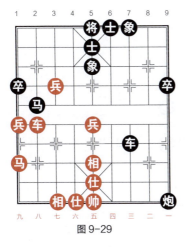

图9-29

① 帅五平四（捉）
车7平6（将）
② 帅四平五（闲）
车6平7（捉）

如图9-29，选自2010年11月《棋艺》"棋规问答"中的一则待判局面。

红方帅五平四，走子前红车不敢吃马，否则黑方车炮能够抽吃红车，走子后消除了黑马的暗根，造成了红车捉黑马，判"捉"。

黑方车7平6，直接攻击红帅，判"将"。

红方帅四平五，动帅应将，判"闲"。

黑方车6平7，造成做根子黑车能抽吃红方过河兵，尽管吃兵后要丢马，因过河兵子力价值浮动，判"捉"。

本例红方一捉一闲属允许着法，黑方一将一捉属禁止着法，按现行的"11版规则"裁决：黑方变着，不变作负。

局例四

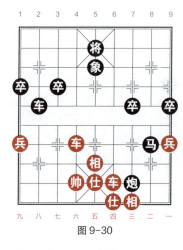

图 9-30

① 帅六退一（捉）
车 2 进 5（将）
② 帅六进一（闲）
车 2 退 5（闲）

如图 9-30，红方帅六退一，走帅后造成之前不能离线的红车可以离线吃黑马，判"捉"。

黑方车 2 进 5，直接攻击红帅，判"将"。

红方帅六进一，动帅应将，判"闲"。

黑方车 2 退 5，判"闲"。

本例红方一捉一闲，黑方一将一闲，双方均属允许着法，按现行"11 版规则"裁决：双方不变作和。

五、帅(将)的助杀

1. 控制肋道,配合其他子产生新的杀

走动帅(将)控制肋道,配合其他子产生新的杀,按"杀"处理。

局例一

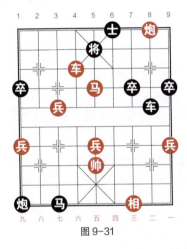

① 帅五平四(杀)
  车8平6(将)
② 帅四平五(闲)
  车6平8(杀)

图9-31

如图9-31,选自1983年乌鲁木齐市国庆象棋对抗赛。

红方帅五平四,控制肋道,下一着马五进三将死黑方,判"杀"。

黑方车8平6,直接攻击红帅,判"将"。

红方帅四平五,动帅应将,判"闲"。

黑方车6平8,下一着车8进3将死红方,判"杀"。

本例红方一杀一闲属允许着法,黑方一将一杀属禁止着法,按现行的"11版规则"裁决:黑方变着,不变作负。

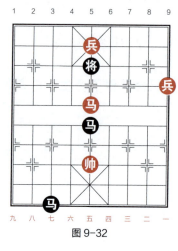

① 马五退七（闲）
将 5 平 6（杀）
② 马七进五（将）
将 6 平 5（闲）

图9-32

如图9-32，红方马五退七，判"闲"。

黑方将5平6，控制助道，下一着马5进7（或马5进3）将死红方，判"杀"。

红方马七进五，直接攻击黑将，判"将"。

黑方将6平5，动将应将，判"闲"。

本例红方一闲一将，黑方一杀一闲，双方均属允许着法，按现行的"11版规则"裁决：双方不变作和。

局例三

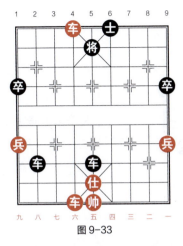
图 9-33

① 帅五平四（杀）
车 5 平 6（将）
② 帅四平五（闲）
车 6 平 5（杀）

如图 9-33，选自 1985 年在美国三藩市李树明与杰克逊弈战形成的一则待判局面。

红方帅五平四，下一着后车进八，将 5 进 1，前车平五，士 6 进 5，车五退一将死黑方，判"杀"。

黑方车 5 平 6，直接攻击红帅，判"将"。

红方帅四平五后，虽伏后车进八，将 5 进 1，后车退一，将 5 退 1，前车退一，将 5 退 1，后车平五，士 6 进 5，车五进一，将 5 平 6，车六进一将死黑方，但因是走动帅应将而产生的杀，判"闲"。

黑方车 6 平 5，下一着车 5 进 1，帅五平四，车 2 平 6 将死红方，判"杀"。

本例红方一杀一闲属允许着法，黑方一将一杀属禁止着法，按现行的"11 版规则"裁决：黑方变着，不变作负。

局例四

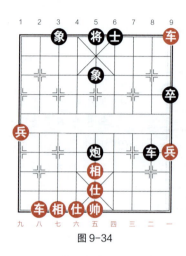

① 帅五平四（杀）
车8平6（将）
② 帅四平五（闲）
车6平8（杀）

图9-34

如图9-34，红方帅五平四，下一着车一平四，将5进1，车八进八将死黑方，判"杀"。

黑方车8平6，直接攻击红帅，判"将"。

红方帅四平五，动帅应将，判"闲"。

黑方车6平8，下一着车8进3沉底铁门栓杀，判"杀"。

本例红方一杀一闲属允许着法，黑方一将一杀属禁止着法，按现行的"11版规则"裁决：黑方变着，不变作负。

2. 控制中路，配合其他子产生新的杀

走动帅（将）控制中路，配合其他子产生新的杀，按"杀"处理。

局例一

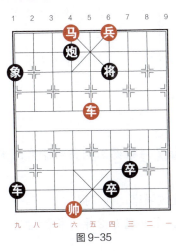

图 9-35

① 车五平二（杀）
　将 6 平 5（杀）
② 车二平五（将）
　将 5 平 6（闲）

如图 9-35，红方车五平二，企图在下一着车二进二将死黑方，判"杀"。

黑方将 6 平 5 控制中路，企图下一着车 1 进 1，帅六进一，卒 6 平 5，帅六进一，车 1 退 2 将死红方，判"杀"。

红方车二平五，直接攻击黑将，判"将"。

黑方将 5 平 6，动将应将，判"闲"。

本例红方一杀一将属禁止着法，黑方一杀一闲属允许着法，按现行的"11 版规则"裁决：红方变着，不变作负。

局例二

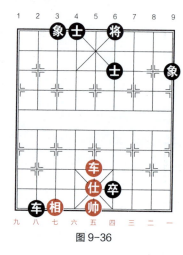

① 车五平四（捉）
将 6 平 5（杀）
② 车四平五（将）
将 5 平 6（闲）

图 9-36

如图 9-36，选自 2012 年 7 月黎德志与黄学谦弈战形成的一则待判局面。

红方车五平四，捉士兼捉过河卒，判"捉"。

黑方将 6 平 5 控制中路，下一着车 2 平 3 将死红方，走动黑将产生新的杀，判"杀"。

红方车四平五，直接攻击黑将，判"将"。

黑方将 5 平 6，动将应将，判"闲"。

本例红方一捉一将属禁止着法，黑方一杀一闲属允许着法，按现行的"11 版规则"裁决：红方变着，不变作负。

局例三

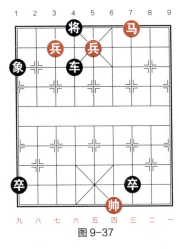

① 帅四平五（杀）
车 4 平 5（将）
② 帅五平四（闲）
车 5 平 4（杀）

图 9-37

如图 9-37，选自 1990 年辽宁省象棋锦标赛，杨国昌与朱海明弈战形成的一则待判局面。

红方帅四平五控制中路，下一着兵五进一将死黑方，判"杀"。

黑方车 4 平 5，直接攻击红帅，判"将"。

红方帅五平四，动帅应将，判"闲"。

黑方车 5 平 4，在解杀的同时，下一着车 4 进 7 沉底将死红方，判"杀"。

本例红方一杀一闲属允许着法，黑方一将一杀属禁止着法，按现行的"11 版规则"裁决：黑方变着，不变作负。

局例四

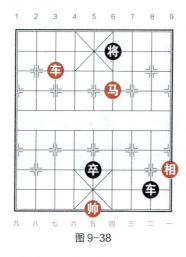

图 9-38

① 帅五平六（捉）
　卒 5 平 4（杀）
② 帅六平五（杀）
　卒 4 平 5（杀）

如图 9-38，红方帅五平六，伏马四进二，车 8 退 6（将 6 平 5，马二进三，将 5 平 6，车七平四杀），车七平二吃车，判"捉"。

黑方卒 5 平 4，下一着车 8 进 1 将死红方，判"杀"。

红方帅六平五控制中路，下一着马四进六，将 6 进 1，马六进五，将 6 退 1，车七平四将死黑方，判"杀"。

黑方卒 4 平 5，下一着车 8 进 1 将死红方，判"杀"。

本例红方一捉车一杀，黑方长杀，双方均属禁止着法，按现行的"11 版规则"裁决：双方不变作和。

3. 解除被抽吃状态，配合其他子产生新的杀

走动帅（将），配合其他子产生新的杀，按"杀"处理。

局例

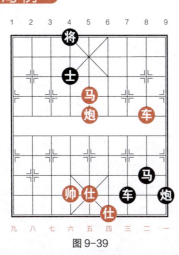

① 帅六退一（杀）
　炮9进1（将）
② 帅六进一（闲）
　炮9退1（捉）

图 9-39

如图 9-39，选自 2008 年《棋艺》"答棋迷问"，棋友兰天提出的一则待判局面。

红方帅六退一，解除被抽吃状态，下一着车二进四将死黑方，走动帅产生新的杀，判"杀"。

黑方炮9进1，直接攻击红帅，判"将"。

红方帅六进一，动帅应将，判"闲"。

黑方炮9退1，伏车7退4，帅六退一，车7平8得车，判"捉"。

本例红方一杀一闲属允许着法，黑方一将一捉属禁止着法，按现行的"11 版规则"裁决：黑方变着，不变作负。

第十章 《象棋竞赛规则2011》棋例新特色

象棋竞赛规则伴随着社会发展和棋艺水平的不断提高，棋例理论体系的构建与创新，也日益引起更多的关注目光，它对象棋的发展起到了推动的作用。然而棋手与裁判对它的争论与探讨仍在继续，不同的观点经过一个阶段的争论后，势必要走向统一，这种统一是暂时的，也是必然的。

《象棋竞赛规则2011》于2014年4月由中国象棋协会裁判委员会审定出版。它从孕育到出生，倍受棋人关注，历经多次大争论大修改，终于达成共识，堪称是集体智慧的结晶。"11版规则"对棋例进行了补充和修改，棋例条款更准确更实用，判罚尺度趋向于更合理。

"11版规则"棋例的主要变革有两点：一是除单方长将外，任何待判局面均允许单方两个回合之内变着。这项变革对棋手来讲，减轻了许多压力。此前对等性质裁判直接判和，占优一方的棋手在比赛中即将形成待判局面前，自己要先判断如果继续走下去，是否会被裁判直接判和，尤其是团体赛压力更大，现在不同了，有了任何待判局面均允许单方两个回合之内变着的规定，可以无压力地把裁决权交给裁判。二是明确了在"禁止着法"范畴内走棋性质的轻重，并划分了裁决层次。

一、术语解释新特色

1. 重新为兑做了术语解释

《象棋竞赛规则2011（试行）》对"兑"的术语解释是：可以互相交换吃去的，称"兑"。双方不同兵种之间进行等价交换，也称为"兑"。

"11版规则"则是：同兵种邀兑，而对方一旦吃掉此子后，不致立即被将死或立即在子力价值上遭受损失者，称为"兑"。

本条款的变革是重新为"兑"做了术语解释。自"99版规则"后，历经十五年的实践，终于回归到"兑"必须是同兵种的原有属性；而且"兑"要有两个条件：一是对方一旦吃掉邀兑之子后，不致立即被将死；二是对方一旦吃掉邀兑之子后，不致立即在子力价值上遭受损失。

（1）吃掉邀兑之子后，立即被将死

同兵种邀兑，对方一旦吃掉邀兑之子后，立即被将死，不是"兑"，而是"捉"或"杀"。

局例一

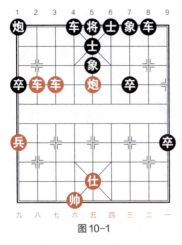

① 车七平六（兑）
车4平3（捉）
② 车六平七（杀）
车3平4（将）

图 10-1

如图 10-1，选自第 13 届象棋世锦赛宗室日新与李锦欢弈战形成的一则待判局面。

红方车七平六，同兵种邀兑，黑方兑子后，不致立即被将死或立即在子力价值上遭受损失，符合"兑"的术语解释，判"兑"。

黑方车4平3，伏车8进9，帅六进一，车3进8，帅六进一，车8退2，炮五退四，车3退1，帅六退一，车8平5得炮，判"捉"。

红方车六平七，从表面上看是兑，若细心察局会发现，黑车并不敢贸然兑车，否则会被红方车八进三将死，被邀兑方兑子后立即被对方将死，不符合"兑"的术语解释，判"杀"。

黑方车3平4，直接攻击红帅，判"将"。

本例红方一兑一杀属允许着法，黑方一捉一将属禁止着法，按现行的"11版规则"裁决：黑方变着，不变作负。

局例二

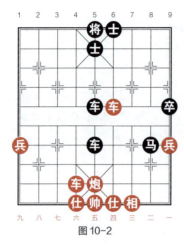

① 车四进一（闲）
后车退1（捉）
② 车四退一（闲）
后车进1（捉）

图10-2

如图10-2，选自2013年绥中棋友王静发来的一则待判局面。

红方车四进一，判"闲"。

黑方后车退1，冷眼一看是兑，其实红方并不敢贸然兑车，否则会被黑方马8进6将死，被邀兑方兑子后立即被将死，不符合"兑"的术语解释，判"捉"。

红方车四退一，判"闲"。

黑方后车进1，其走棋性质与后车退1相同，判"捉"。

本例红方两闲属允许着法，黑方长捉属禁止着法，按现行的"11版规则"裁决：黑方变着，不变作负。

局例三

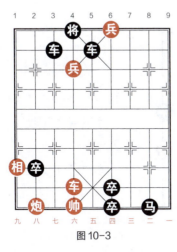

① 兵六平五（将）
车 5 平 4（杀）
② 兵五平六（杀）
车 4 平 5（杀）

图 10-3

如图 10-3，选自 2011 年北京市象棋裁判员培训班考试试题。

红方兵六平五，直接攻击黑将，判"将"。

黑方车 5 平 4，表面上是邀兑红车，但红方一旦吃去黑车会立即被车 3 平 4 将死，不符合"兑"的术语解释，判"杀"。

红方兵五平六，下一着兵六进一，车 3 平 4，车六进七将死黑方，判"杀"。

黑方车 4 平 5，下一着车 3 进 8，相九退七，车 5 进 8，将死红方，判"杀"。

本例红方一将一杀，黑方长杀，双方均属禁止着法，按现行"11 版规则"裁决：双方不变作和。

（2）吃掉邀兑之子后，立即在子力价值上遭受损失

同兵种邀兑，对方一旦吃掉邀兑之子后，立即在子力价值上遭受损失，不是"兑"，而是"捉"。

局例一

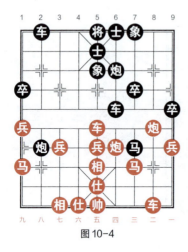

① 炮二平四（捉）
  车6平7（捉）
② 前炮平二（闲）
  车7平6（捉）

图 10-4

如图 10-4，选自 2009 年山东省潍坊市象棋等级赛，卞鹏与棋友弈战形成的一则待判局面。

红方炮二平四，伏后炮进二，马7退5，兵五进一，通过完整互吃交换后红方多得一马，判"捉"。

黑方车6平7，同兵种邀兑，被邀兑的红炮吃去黑炮后要丢中车，立即在子力价值上遭受损失，不符合"兑"的术语解释，判"捉"。

红方前炮平二，判"闲"。

黑方车7平6，车炮同时与炮产生接触，被接触的红炮无根，车对其有捉，判"捉"。

本例红方一捉一闲属允许着法，黑方长捉属禁止着法，按现行的"11版规则"裁决：黑方变着，不变作负。

局例二

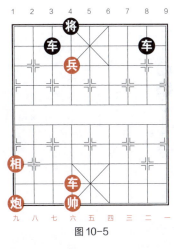

图 10-5

① 兵六平五（将）
车 8 平 4（捉）
② 兵五平六（捉）
车 4 平 8（杀）

如图 10-5，选自 2013 年 10 月广东象棋网《裁判天地》，棋友研讨棋例时提出的一则待判局面。

红方兵六平五，用车直接攻击黑将，判"将"。

黑方车 8 平 4，同兵种邀兑，被邀兑的红车吃去黑车后还要丢边炮，立即在子力价值上遭受损失，不符合"兑"的术语解释，判"捉"。

红方兵五平六，能够主动送兵将军换取双车，判"捉"。

黑方车 4 平 8，下一着车 3 进 8，相九退七，车 8 进 8，将死红方，判"杀"。

本例红方一将一捉车属禁止着法中第一类性质，黑方一联合捉子一杀属禁止着法中第二类性质，按现行"11 版规则"裁决：红方变着，不变作负。

局例三

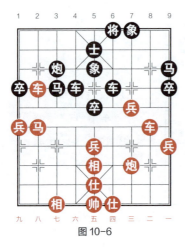

图 10-6

① 车八进三（将）
车 4 退 3（兑）

② 车八退三（捉）
车 4 进 3（兑）

如图 10-6，选自 2003 年全国象棋甲级联赛，第 13 轮蒋凤山与郑一泓对弈时形成的待判局面。

红方车八进三，直接攻击黑将，判"将"。

黑方车 4 退 3 应将，并邀兑红车，判"兑"。

红方车八退三走子后，改变了原来双马之间兑的关系，如果黑方马 3 进 2 接受邀兑，会立即丢车，造成了子力价值受损，不符合"兑"的术语解释，判"捉"。

黑方车 4 进 3，邀兑红马，判"兑"。

本例红方一将一捉属禁止着法，黑方长兑属允许着法，按现行的"11 版规则"裁决：红方变着，不变作负。

局例四

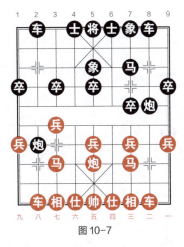

① 马七进六（闲）
   炮 2 进 1（闲）
② 马六退七（捉）
   炮 2 退 1（闲）

图 10-7

如图 10-7，选自 1983 年在兰州举办的"敦煌杯"象棋大师等级称号赛，钱洪发与柳大华弈战形成的待判局面。

红方马七进六，判"闲"。

黑方炮 2 进 1，用被牵之子捉对方的无根马，下一着吃马后黑方要丢车，得不偿失，判"闲"。

红方马六退七，邀兑黑炮，然而黑炮一旦吃去红炮会立即丢车，在子力价值上遭受损失，不符合"兑"的术语解释，判"捉"。

黑方炮 2 退 1，判"闲"。

本例红方一闲一捉，黑方两闲，双方均属允许着法，按现行的"11 版规则"裁决：双方不变作和。

（3）符合兑的术语解释

局例一

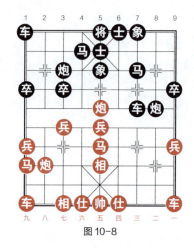

① 马五进三（闲）
炮8进1（捉）
② 马三退五（闲）
炮8退1（兑）

图10-8

如图10-8，选自2013象棋甲级联赛，第8轮卜凤波与赵玮弈战形成的一则待判局面。

红方马五进三，判"闲"。

黑方炮8进1，伏炮8平5，仕四进五，车7进1得马，判"捉"。

红方马三退五，判"闲"。

黑方炮8退1，同兵种邀兑，红方兑子后，不致立即被将死或立即在子力价值上遭受损失，符合"兑"的术语解释，判"兑"。

本例红方两闲，黑方一捉一兑，双方均属允许着法，按现行的"11版规则"裁决：双方不变作和。

局例二

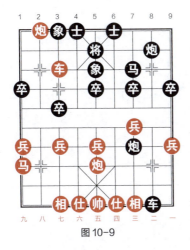

① 炮八退一（兑）
　将 5 退 1（闲）
② 炮八进一（捉）
　将 5 进 1（闲）

图 10-9

如图 10-9，选自 2011 年 10 月首届"辛集国际皮革城杯"全国象棋公开赛，蒋皓与黄竹风弈战形成的一则待判局面。

红方炮八退一，似兑又似捉，令人疑惑难决。

棋友甲认为红方炮八退一，伏车七进一，将 5 退 1，炮八平二得炮，判"捉"。

棋友乙却认为红方炮八退一，红炮是红车保护的暗根子，退炮为同兵种邀兑，被邀兑的黑方兑炮后，不致立即被将死或立即在子力价值上遭受损失，符合"兑"的术语解释，判"兑"。

我们赞同棋友乙的意见。

黑方将 5 退 1，判"闲"。

红方炮八进一，造成其他子红车捉中象，判"捉"。

黑方将 5 进 1，判"闲"。

本例红方一兑一捉，黑方两闲，双方均属允许着法，按现行的"11 版规则"裁决：双方不变作和。

第十章 《象棋竞赛规则 2011》棋例新特色

局例三

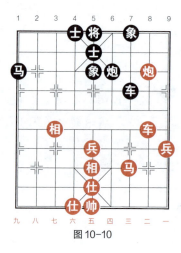

图 10-10

① 车二平三（兑）
　车 7 平 8（捉）
② 车三平二（兑）
　车 8 平 7（捉）

如图 10-10，选自 2011 年 6 月 18 日北京市怀柔区"昌源恒泰杯"象棋赛，罗春阳与刘龙弈战形成的待判局面。

红方车二平三，同兵种邀兑，黑方兑子后，不致立即被将死或立即在子力价值上遭受损失，符合"兑"的术语解释，判"兑"。

黑方车 7 平 8 捉炮，判"捉"。

红方车三平二，黑方兑子后，不致立即被将死或立即在子力价值上遭受损失，符合"兑"的术语解释，判"兑"。

黑方车 8 平 7 捉马，判"捉"。

本例红方长兑属允许着法，黑方长捉属禁止着法，按现行的"11 版规则"裁决：黑方变着，不变作负。

局例四

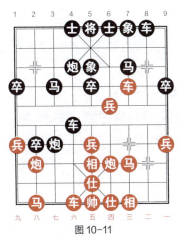

图 10-11

① 炮八平六（兑）
车 4 平 2（捉）
② 炮六平八（捉）
车 2 平 4（捉）

如图 10-11，选自 2011 年北京市象棋裁判员培训班考试试题。

红方炮八平六邀兑黑炮，黑炮一旦吃去红炮后，并不会立即被杀或立即在子力价值上受损，符合"兑"的术语解释，判"兑"。

黑方车 4 平 2，伏炮 4 进 7 吃车，判"捉"。

红方炮六平八，伏炮八进二吃车，判"捉"。

黑方车 2 平 4，造成炮捉车，兑兼捉，从重判"捉"。

本例红方一兑一捉属允许着法，黑方长捉属禁止着法，按现行的"11 版规则"裁决：黑方变着，不变作负。

2. 修改了献的术语解释

《象棋竞赛规则2011（试行）》：凡无根子送吃，而对方一旦吃掉此子后，不致立即被将死或立即在子力价值上遭受损失者，称为"献"。

"11版规则"：凡走子送吃，而对方一旦吃掉此子后，不致立即被将死或立即在子力价值上遭受损失者，称为"献"。

"11版规则"的特色是把试行本中的"凡无根子送吃"修改成"凡走子送吃"，其目的很明显：送吃的子有"无根子"，也可以有"少根子"。

局例

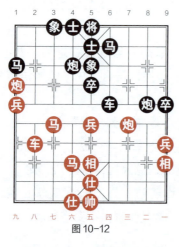

① 兵九平八（献）
　炮4平2（捉）
② 兵八平九（捉）
　炮2平4（捉）

图10-12

如图10-12，红方兵九平八，送吃少根子过河兵，而对方一旦吃掉此子后，不致立即被将死或立即在子力价值上遭受损失，符合"献"的术语解释，判"献"。

黑方炮4平2捉车，判"捉"。

红方兵八平九，献兵的同时车捉黑炮，献兼捉，从重判"捉"。

黑方炮2平4，对于献兼捉，走动被捉之子，且所献之子参与了循环着法，判"捉"。

本例红方一献一捉属允许着法，黑方长捉属禁止着法，按现行的"11版规则"裁决：黑方变着，不变作负。

二、棋例总纲的特色

有一句成语叫纲举目张，足见棋例总纲对于棋例的重要性。然而在"11版规则"中，对棋例总纲中"双方均为禁止着法"的裁决，做了较大改动。

双方均为禁止着法，双方不变作和，2007年之前是棋界共识，一直在沿用。从《2007象棋竞赛规则》（试行本）起，开始出现了区别走棋性质的新规定：双方均为禁止着法，由一方变着的特殊判罚。

"11版规则"棋例总纲的特色主要是：三个"变着"。

其一，凡单方为禁止着法中的第一类性质，均须变着。

其二，凡单方长捉车，对方联合捉车，前者变着。

其三，凡单方长捉无根子，对方联合捉无根子，前者变着。

1. 禁止着法分两种类型

细心的棋友会发现，"11版规则"把禁止着法，按其走棋性质轻重程度，划分出第一类性质与第二类性质两种类型。

（1）第一类：**性质较重的禁止着法**

由将、杀、捉车、捉无根子四种单着走棋性质，组合而成的九种着法，定为性质较重的第一类禁止着法。即长杀、长捉车、长捉无根子、一将一杀、一将一捉车、一将一捉无根子、一杀一捉车、一杀一捉无根子、一捉车一捉无根子。

（2）第二类：**性质较轻的禁止着法**

第一类性质以外的其他禁止着法，均为性质较轻的第二类禁止着法。例如，长联合捉子、长捉少根子、一将一联合捉子、一将一捉少根子、一杀一联合捉子、一杀一捉少根子、一捉车一联合捉子、一捉车一捉少根子、一捉无根子一联合捉子、一捉无根子一捉少根子等。

2. 单方为禁止着法中性质较重的第一类性质

凡单方长杀、长捉车、长捉无根子、一将一杀、一将一捉车、一将一捉无根子、一杀一捉车、一杀一捉无根子、一捉车一捉无根子，均须变着。

（1）凡单方长捉车，须变着

① 长捉车对联合捉子，前者变着。

局例一

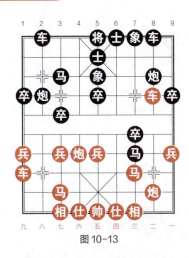

图10-13

① 车二退一（捉）
　炮2进1（捉）
② 车二进一（捉）
　炮2退1（捉）

如图10-13，选自1996年第八届"棋友杯"全国象棋大奖赛，第6轮巴国忠与姜丙凯弈战形成的待判局面。

红方车二退一与车二进一，走子前红方得炮要丢车，而走子后却可净吃炮，均判"捉"；黑方炮2进1与炮2退1，步步用炮长捉红车，为长捉车。

本例红方长联合捉子属禁止着法中第二类性质，黑方长捉车属禁止着法中第一类性质，按现行的"11版规则"裁决：黑方变着，不变作负。

局例二

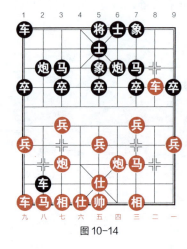

① 炮四退一（捉）
车2退1（捉）
② 炮四进一（捉）
车2进1（捉）

图 10-14

如图 10-14，选自 1988 年全国象棋锦标赛（个人），胡荣华与万春林对弈中出现的待判局面。

红方炮四退一与炮四进一，均为长捉车；黑方车 2 退 1 与车 2 进 1，由走子前丢车得马变成走子后净吃马，均判"捉"。

本例红方长捉车属禁止着法中第一类性质，黑方长联合捉子属禁止着法中第二类性质，按现行的"11 版规则"裁决：红方变着，不变作负。

局例三

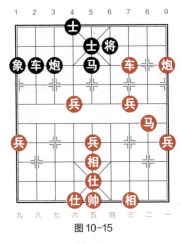

图 10-15

① 车三进二（捉）
　炮 3 退 2（捉）
② 车三退二（捉）
　炮 3 进 2（捉）

如图 10-15，红方车三进二，能够于下一着马二进三，马 5 进 7，炮一平八，红方用一马换一车，符合得子规定，判"捉"。

黑方炮 3 退 2，献车捉车为新的捉，交换后价值相当，判"捉"。

红方车三退二，车炮联合捉少根子黑马，判"捉"。

黑方炮 3 进 2 捉车，判"捉"。

本例红方长联合捉子属禁止着法中第二类性质，黑方长捉车属禁止着法中第一类性质，按现行的"11 版规则"裁决：黑方变着，不变作负。

局例四

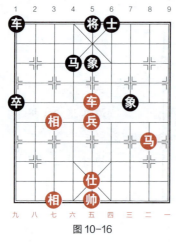

① 车五进一（捉）
马 4 进 3（捉）
② 车五退一（捉）
马 3 退 4（捉）

图 10-16

如图 10-16，选自 1985 年辽宁省象棋个人锦标赛，张忠元与冯宗元弈战形成的一则待判局面。

红方车五进一与车五退一，避捉后均造成红马捉假根子高象，都是"捉"。

黑方马 4 进 3 与马 3 退 4，用马步步捉车，为长捉车。

本例红方长联合捉子属禁止着法中第二类性质，黑方长捉车属禁止着法中第一类性质，按现行的"11 版规则"裁决：黑方变着，不变作负。

② 长捉车对长捉少根子，前者变着。

局例一

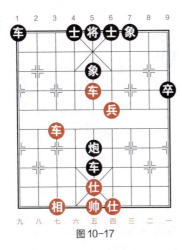

① 车七退一（捉）
　炮 5 退 1（捉）
② 车七进一（捉）
　炮 5 进 1（捉）

图 10-17

如图 10-17，选自第五批象棋国家级裁判员棋例试题。

红方车七退一捉少根炮，判"捉"。

黑方炮 5 退 1，伏车 5 平 3，车五退二，车 3 退 1 得车，判"捉"。

红方车七进一捉少根炮，判"捉"。

黑方炮 5 进 1，其走棋性质与炮 5 退 1 相同，判"捉"。

本例红方长捉少根子属禁止着法中第二类性质，黑方长联合捉车属禁止着法中第一类性质，按现行的"11 版规则"裁决：黑方变着，不变作负。

局例二

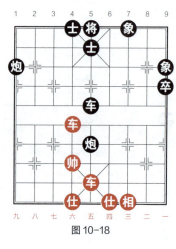

图 10-18

① 车六退一（捉）
  炮 5 退 1（捉）
② 车六进一（捉）
  炮 5 进 1（捉）

如图 10-18，选自 2012 年江西省第三届工人运动会象棋赛中出现的一则待判局面。

红方车六退一捉少根炮，判"捉"。

黑方炮 5 退 1，伏炮 1 平 4，车六进四（车六平五，炮 5 平 4，帅六平五，车 5 进 2 得车），士 5 进 4 得车，判"捉"。

红方车六进一捉少根炮，判"捉"。

黑方炮 5 进 1，伏炮 1 平 4，车六平三，车 5 平 4，帅六平五，炮 5 进 2 得车，判"捉"。

本例红方长捉少根子属禁止着法中第二类性质，黑方长捉车属禁止着法中第一类性质，按现行的"11 版规则"裁决：黑方变着，不变作负。

③ 长捉车对一捉无根子一联合捉子，前者变着。

局例

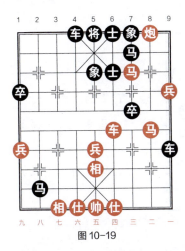

图10-19

① 马二退三（捉）
车9平8（捉）
② 后马进二（捉）
车8平9（捉）

如图10-19，红方马二退三捉车，判"捉"。

黑方车9平8捉无根炮，判"捉"。

红方后马进二，为己方做炮台，造成炮捉车，判"捉"。

黑方车8平9，伏车4进9，帅五进一，车9进2，车四退三，车4退1，帅五平六，车9平6，仕四进五，马2退3，帅六退一，车6平5，通过完整交换互吃，黑方以一车换取红方一车一仕，较走子前多得一仕，为联合捉子，判"捉"。

本例红方长捉车属禁止着法中第一类性质，黑方一捉无根子一联合捉子属禁止着法中第二类性质，按现行的"11版规则"裁决：红方变着，不变作负。

④ 长捉车对一捉无根子一捉少根子，前者变着。

局例一

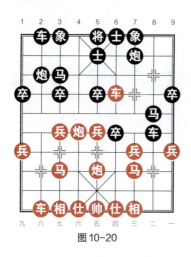

① 车四平三（捉）
马8退7（捉）
② 车三平四（捉）
马7进8（捉）

图10-20

如图10-20，选自1998年于吉林举办的"棋友杯"全国象棋大奖赛的一则待判局面。

红方车四平三捉无根炮，判"捉"。

黑方马8退7，为己方黑炮做炮台，造成黑炮捉红车，判"捉"。

红方车三平四捉少根子过河卒，判"捉"。

黑方马7进8，同时造成黑马捉车、黑炮捉无根马，判"捉"。

本例红方一捉无根子一捉少根子属禁止着法中第二类性质，黑方长捉车属禁止着法中第一类性质，按现行的"11版规则"裁决：黑方变着，不变作负。

局例二

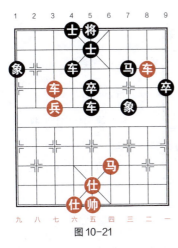

图 10-21

① 马四进三（捉）
车 5 进 1（捉）
② 马三退四（捉）
车 5 退 1（捉）

如图 10-21，选自秦皇岛棋友任建华执红棋与网友对弈时形成的待判局面。

红方认为是两捉对两捉，双方不变应该是和棋。黑方却认为应由红方变着，黑车退一步是闲着，因为象捉兵是以前就存在的。对此，红方又认为，象在走子前吃兵，红车可以吃象。但黑车巡河后可以吃过河兵。双方争执不下，最后商量和棋。

网上弈战采用什么规则，我们姑且不论。红方马四进三与马三退四，步步长捉黑方中车，均判"捉"。

黑方车 5 进 1 捉无根子红马，判"捉"，续着黑方车 5 退 1 捉少根子过河兵，判"捉"。

本例红方长捉车属禁止着法中第一类性质，黑方一捉无根子一捉少根子属禁止着法中第二类性质，按现行的"11 版规则"裁决：红方变着，不变作负。

局例三

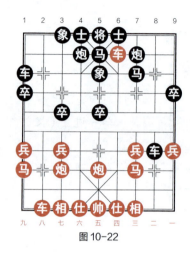

图 10-22

① 车四退一（捉）
炮4进1（捉）
② 车四进一（捉）
炮4退1（捉）

如图 10-22，选自 2013 年全国象棋少年锦标赛，男子甲组第 8 轮赵殿宇与张瑞峰弈战形成的一则待判局面。

红方车四退一，捉少根子中象，判"捉"。

黑方炮4进1捉车，判"捉"。

红方车四进一捉无根炮，判"捉"。

黑方炮4退1捉车，判"捉"。

本例红方一捉少根子一捉无根子属禁止着法中第二类性质，黑方长捉车属禁止着法中第一类性质，按现行的"11版规则"裁决：黑方变着，不变作负。

（2）凡单方长捉无根子，须变着

① 长捉无根子对联合捉子，前者变着。

局例一

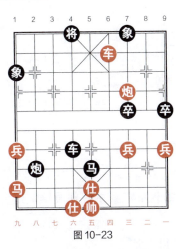

① 马九退七（捉）
　炮2平3（捉）
② 马七进九（捉）
　炮3平2（捉）

图 10-23

如图 10-23，选自 2002 年"珠星钟杯"16 强赛，闫文清与洪智战至 47 回合后形成的待判局面。

红方马九退七捉无根炮，判"捉"。

黑方炮 2 平 3，伏下一着马 5 进 3，帅五平四，炮 3 进 2 吃红马，为联合捉子，判"捉"。

红方马七进九捉无根炮，判"捉"。

黑方炮 3 平 2，伏下一着炮 2 进 2，马九退七，炮 2 平 4，仕五退六，车 4 进 3，帅五进一，车 4 平 3，通过完整互吃交换后，黑方多吃双仕，符合得子规定，为联合捉子，判"捉"。

本例红方长捉无根子属禁止着法中第一类性质，黑方长联合捉子属禁止着法中第二类性质，按现行的"11 版规则"裁决：红方变着，不变作负。

局例二

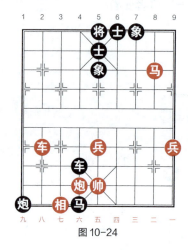

① 车八平九（捉）
炮１平２（捉）
② 车九平八（捉）
炮２平１（捉）

图 10-24

如图 10-24，选自 2011 年北京市象棋裁判员培训班考试试题。

红方车八平九捉无根炮，判"捉"。

黑方炮 1 平 2，伏炮 2 退 1，帅五退一，车 4 进 1 吃炮，判"捉"。

红方车九平八捉无根炮，判"捉"。

黑方炮 2 平 1，伏炮 1 退 1，帅五退一（车八退二，车 4 进 1，帅五退一，车 4 平 2 得车），车 4 进 1 得炮，为联合捉子，判"捉"。

本例红方长捉无根子属禁止着法中第一类性质，黑方长联合捉子属禁止着法中第二类性质，按现行的"11 版规则"裁决：红方变着，不变作负。

局例三

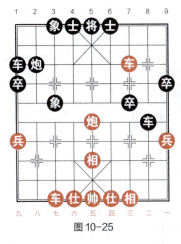

① 炮五进二（捉）
车8退2（捉）
② 炮五退二（捉）
车8进2（捉）

图 10-25

如图 10-25，红方炮五进二，伏车三平五，士4进5，车五平二，象3进5，车二退三得车，判"捉"。

黑方车8退2捉无根炮，判"捉"。

红方炮五退二，伏车三平五，士4进5，车五平八得炮，为联合捉子，判"捉"。

黑方车8进2捉无根炮，判"捉"。

本例红方一捉车一联合捉子属禁止着法中第二类性质，黑方长捉无根子属禁止着法中第一类性质，按现行的"11版规则"裁决：黑方变着，不变作负。

② 长捉无根子对长捉少根子，前者变着。

局例

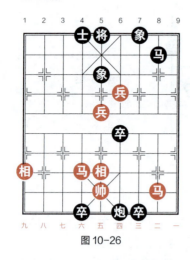

① 帅五平四（捉）
炮 6 平 5（捉）
② 帅四平五（捉）
炮 5 平 6（捉）

图 10-26

如图 10-26，红方帅五平四，伏下一着马二退四，卒 7 平 6，帅四退一，红方用一马换取了对方的一炮一过河卒，走动帅（将）后，与其他子联合产生捉，判"捉"。

黑方炮 6 平 5 捉过河兵，判"捉"。

红方帅四平五，造成中相捉过河卒，判"捉"。

黑方炮 5 平 6 捉过河兵，判"捉"。

本例红方一捉少根子一捉无根子属禁止着法中第二类性质，黑方长捉无根子属禁止着法中第一类性质，按现行的"11 版规则"裁决：黑方变着，不变作负。

③长捉无根子对一将一联合捉子,前者变着。

局例

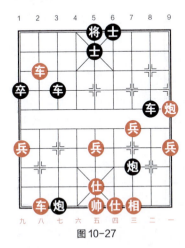

① 炮一进四(将)
车8退4(捉)
② 炮一退四(捉)
车8进4(捉)

图10-27

如图10-27,选自2006年第三届全国体育大会象棋赛,女子组第8轮杨伊与刚秋英弈战形成的待判局面。

红方炮一进四,直接攻击黑将,判"将"。

黑方车8退4捉无根炮,判"捉"。

红方炮一退四,伏炮一平五,将5平4(士5退4,前车平五,士6进5,车五平二抽吃黑车),前车进二,将4进1,后车进八,将4进1,后车平五,士6进5,车八平二,通过完整的互吃交换后,红方以一车换取黑方一车一士,为联合捉子,判"捉"。

黑方车8进4捉无根炮,判"捉"。

本例红方一将一联合捉子属禁止着法中第二类性质,黑方长捉无根子属禁止着法中第一类性质,按现行的"11版规则"裁决:黑方变着,不变作负。

④ 长捉无根子对一杀一联合捉子，前者变着。

局例一

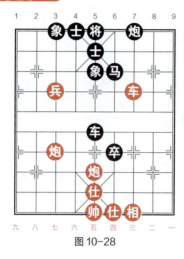

① 车三平四（捉）
　卒6平7（杀）
② 车四平三（捉）
　卒7平6（捉）

图 10-28

如图 10-28，选自 2000 年 4 月全国象棋锦标赛（团体），万春林与闫文清弈战中形成的待判局面。

红方车三平四，捉黑无根子过河卒，判"捉"。

黑方卒 6 平 7，下一着炮 7 进 9 吃相成闷宫杀，判"杀"。

红方车四平三，伏车三退三，炮 7 进 9，车三退三，车 5 进 2，红方得一过河卒一炮丢一相一炮，得失相当，但因红车捉过河卒是新产生的捉，吃子的红车又未被交换掉，判"捉"。

黑方卒 7 平 6，伏炮 7 进 9，车三退六，车 5 进 2，交换中黑方多吃红方一相，为联合捉子，判"捉"。

本例红方长捉无根子属禁止着法中第一类性质，黑方一杀一联合捉子属禁止着法中第二类性质，按现行的"11 版规则"裁决：红方变着，不变作负。

局例二

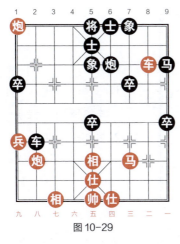

① 炮八平七（捉）
车 2 平 3（捉）
② 炮七平八（杀）
车 3 平 2（捉）

图 10-29

如图 10-29，选自 2011 年全国象棋锦标赛（个人），第二轮男子组宗永生与程鸣弈战形成的待判局面。

红方炮八平七，伏炮七进七，车 2 退 6，炮七平四得士，判"捉"。

黑方车 2 平 3 捉无根炮，判"捉"。

红方炮七平八，下一着沉底重炮杀，判"杀"。

黑方车 3 平 2 捉无根炮，判"捉"。

本例红方一联合捉子一杀属禁止着法中第二类性质，黑方长捉无根子属禁止着法中第一类性质，按现行的"11 版规则"裁决：黑方变着，不变作负。

局例三

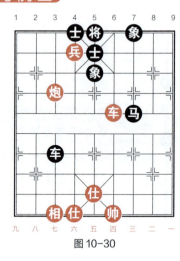

① 炮七平九（捉）
车 3 平 1（捉）
② 炮九平七（杀）
车 1 平 3（捉）

图 10-30

如图 10-30，选自 1988 年全国象棋个人锦标赛，闫玉锁与尚威弈战形成的一则待判局面。

红方炮七平九，伏炮九进三，车 3 退 6，炮九平六得士，为联合捉子，判"捉"。

黑方车 3 平 1 捉无根炮，判"捉"。

红方炮九平七，下一着炮七进三闷宫杀，判"杀"。

黑方车 1 平 3 捉无根炮，判"捉"。

本例红方一联合捉子一杀属禁止着法中第二类性质，黑方长捉无根子属禁止着法中第一类性质，按现行的"11 版规则"裁决：黑方变着，不变作负。

局例四

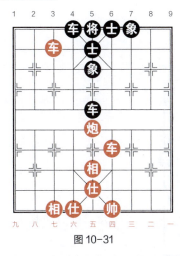

① 炮五平二（捉）
车 5 平 8（捉）
② 炮二平五（杀）
车 8 平 5（捉）

图 10-31

如图 10-31，选自 2006 年第三届全国体育大会，裁判组收集的一则待判局面。

红方炮五平二，伏车七平五，将 5 进 1，车四进五，将 5 退 1，车四进一，将 5 进 1，车四平六，通过完整互吃交换后红方多得双士，为联合捉子，判"捉"。

黑方车 5 平 8 捉无根炮，判"捉"。

红方炮二平五，下一着车四进六将死黑方，判"杀"。

黑方车 8 平 5 捉无根炮，判"捉"。

本例红方一联合捉子一杀属禁止着法中第二类性质，黑方长捉无根子属禁止着法中第一类性质，按现行的"11 版规则"裁决：黑方变着，不变作负。

⑤ 长捉无根子对一捉车一联合捉子，前者变着。

局例一

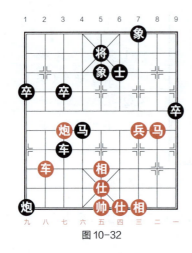

① 车八平九（捉）
　炮1平2（捉）
② 车九平八（捉）
　炮2平1（捉）

图 10-32

如图 10-32，选自 2011 年全国象棋甲级联赛，第三轮孙勇征与王天一弈战形成的待判局面。

红方车八平九与车九平八，步步长捉无根子黑炮，均判"捉"。

黑方炮1平2，伏车3进3，仕五退六，车3退2，仕六进五，车3平1得车，判"捉"；续着黑方炮2平1，伏车3进3，仕五退六，车3退4得炮，为联合捉子，判"捉"。

本例红方长捉无根子属禁止着法中第一类性质，黑方一联合捉车一联合捉子属禁止着法中第二类性质，按现行的"11版规则"裁决：红方变着，不变作负。

局例二

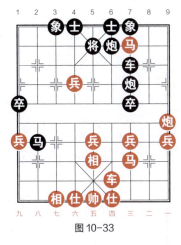

图 10-33

① 马三进一（捉）
车 7 平 9（捉）
② 马一退三（捉）
车 9 平 7（捉）

如图 10-33，选自 2013 年 7 月广东象棋网《裁判天地》，棋友研讨棋例时提出的一则待判局面。

红方马三进一，伏炮一进四，将 5 退 1，车四进七得炮，为联合捉子，判"捉"。

黑方车 7 平 9 捉无根马，判"捉"。

红方马一退三捉车，判"捉"。

黑方车 9 平 7 捉无根马，判"捉"。

本例红方一联合捉子一捉车属禁止着法中第二类性质，黑方长捉无根子，属禁止着法中第一类性质，按现行的"11 版规则"裁决：黑方变着，不变作负。

（3）凡单方一杀一捉车，须变着

局例

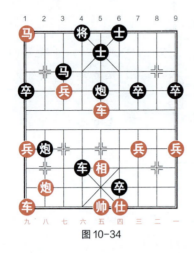

① 仕四进五（捉）
车4进1（杀）
② 仕五退四（捉）
车4退1（捉）

图 10-34

如图 10-34，选自 1987 年第三批国家级象棋裁判员棋例口试题。

红方仕四进五捉车，判"捉"。

黑方车 4 进 1，下一着车 4 平 5 将死红方，判"杀"。

红方仕五退四，造成红炮捉少根卒，判"捉"。

黑方车 4 退 1，伏车 4 平 5，炮八平五，车 5 退 3 得车，判"捉"。

本例红方一捉车一捉少根子属禁止着法中第二类性质，黑方一杀一捉车属禁止着法中第一类性质，按现行的"11 版规则"裁决：黑方变着，不变作负。

（4）凡单方一捉车一捉无根子，须变着

局例一

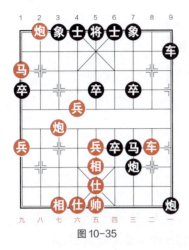

① 车二平一（捉）
　 炮9平8（杀）
② 车一平二（捉）
　 炮8平9（捉）

图10-35

如图10-35，选自2011年10月首届"辛集国际皮革城杯"全国象棋公开赛，陈伟峰与赵保国弈战中形成的待判局面。

红方车二平一，捉失去离线自由的黑车，判"捉"。

黑方炮9平8，下一着炮7进2将死红方，判"杀"。

红方车一平二捉无根炮，判"捉"。

黑方炮8平9，伏有炮7进2，车二退三，炮7平4得仕，为联合捉子，判"捉"。

本例红方一捉车一捉无根子属禁止着法中第一类性质，黑方一杀一联合捉子属禁止着法中第二类性质，按现行的"11版规则"裁决：红方变着，不变作负。

局例二

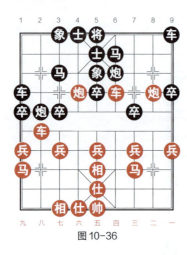

① 炮六退四（捉）
炮2退1（捉）
② 炮六进四（捉）
炮2进1（捉）

图 10-36

如图 10-36，选自 2011 年 10 月第一届"华联商厦"象棋友谊赛，赵敬寿与任克强弈战中形成的待判局面。

红方炮六退四，伏车四进一，士 5 进 6，炮二平九，马 3 进 1，车八进一，多得一子，为联合捉子，判"捉"。

黑方炮 2 退 1 捉车，判"捉"。

红方炮六进四捉车，判"捉"。

黑方炮 2 进 1，造成相关子黑车捉无根炮，判"捉"。

本例红方一捉车一联合捉子属禁止着法中第二类性质，黑方一捉车一捉无根子属禁止着法中第一类性质，按现行的"11 版规则"裁决：黑方变着，不变作负。

局例三

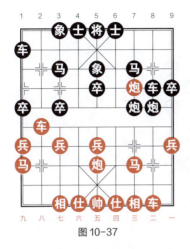

图10-37

① 马三进四(捉)
　炮8进1(捉)
② 马四退三(捉)
　炮8退1(捉)

如图10-37,选自2011年全国象棋锦标赛(个人),第三轮女子组励娴与党国蕾弈战形成的待判局面。

红方马三进四捉少根子黑炮,判"捉"。

黑方炮8进1用受牵子捉车,交换后价值相当,判"捉"。

红方马四退三捉少根子黑炮,判"捉"。

黑方炮8退1,造成相关子黑车净吃红炮,判"捉"。

本例红方长捉少根子属禁止着法中第二类性质,黑方一捉车一捉无根子属禁止着法中第一类性质,按现行的"11版规则"裁决:黑方变着,不变作负。

局例四

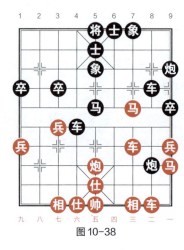

① 车三平五（捉）
马5进7（捉）
② 车五平三（捉）
马7退5（捉）

图10-38

如图10-38，选自2012年全国象棋个人锦标赛，第5轮宿少峰与陈富杰弈战形成的一则待判局面。

红方车三平五捉无根马，判"捉"。

黑方马5进7捉车，判"捉"。

红方车五平三，伏马三进四，将5平4，马四退二得车，判"捉"。

黑方马7退5，能够用弱子中象换取对方强子红马，判"捉"。

本例红方一捉无根子一捉车属禁止着法中第一类性质，黑方一捉车一捉少根子属禁止着法中第二类性质，按现行的"11版规则"裁决：红方变着，不变作负。

3. 单方长捉车，对方联合捉车

凡单方长捉车，对方联合捉车，前者变着。

局例一

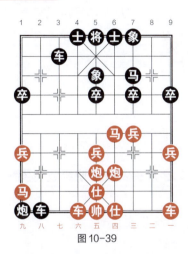

① 马九进七（捉）
车 2 平 3（捉）
② 马七退九（捉）
前车平 2（捉）

图 10-39

如图 10-39，是 2013 年 11 月辽宁网络棋牌频道论坛《裁判世界》，郭宝城棋友提出的一则待判局面。

红方马九进七与马七退九，用马步步捉车，为长捉车。

黑方车 2 平 3 与前车平 2，均用车炮联合捉车，为联合捉车。

本例红方长捉车，黑方长联合捉车，按现行的"11 版规则"裁决：红方变着，不变作负。

局例二

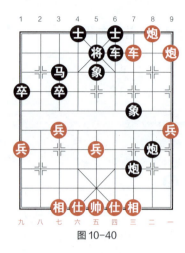

图 10-40

① 车三平二（捉）
　　炮 7 平 8（捉）
② 车二平三（捉）
　　前炮平 7（捉）

如图 10-40，是 2013 年 12 月棋友张洁明给我们发来的一则待判局面。

红方车三平二，与一路炮联合捉车，判"捉"。

黑方炮 7 平 8 捉车，判"捉"。

红方车二平三，又与一路炮联合捉车，判"捉"。

黑方前炮平 7 捉车，判"捉"。

本例红方联合捉车，黑方长捉车，按现行的"11 版规则"裁决：黑方变着，不变作负。

局例三

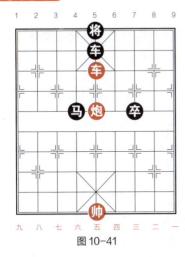
图 10-41

① 车五退一（捉）
　马4退3（捉）
② 车五进一（捉）
　马3进4（捉）

如图 10-41，是 2016 年广东象棋网《裁判天地》，棋友提出的一则待判局面。

红方车五退一，联合红炮捉车，判"捉"。

黑方马 4 退 3 捉车，判"捉"。

红方车五进一，又联合红炮捉车，判"捉"。

黑方马 3 进 4 捉车，判"捉"。

本例红方联合捉车，黑方长捉车，按现行的"11 版规则"裁决：黑方变着，不变作负。

4. 单方长捉无根子，对方联合捉无根子

凡单方长捉无根子，对方联合捉无根子，前者变着。

局例一

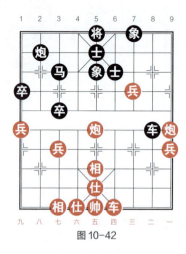

图 10-42

① 炮五进一（捉）
车 8 退 1（捉）
② 炮五退一（捉）
车 8 进 1（捉）

如图 10-42，选自 2012 年《棋艺》"规则问答"中的一则待判局面。

红方炮五进一，联合四路车捉假根子 6 路士，走子前用车吃士要丢炮，走子后能够无偿得士，判"捉"。

黑方车 8 退 1 捉无根炮，判"捉"。

红方炮五退一，其走子性质与炮五进一相同，判"捉"。

黑方车 8 进 1 捉无根炮，判"捉"。

本例红方联合捉无根子，黑方长捉无根子，按现行的"11 版规则"裁决：黑方变着，不变作负。

局例二

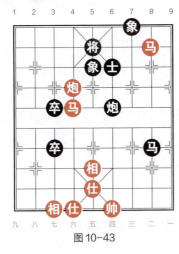

图10-43

① 帅四平五（捉）
　炮6平5（捉）
② 帅五平四（捉）
　炮5平6（捉）

如图10-43，是2013年9月辽宁网络棋牌频道论坛《裁判世界》，陈建明棋友提出的一则待判局面。

红方帅四平五，它与右马捉士无关联，却与左马捉卒有关联。因为走子前左马不敢吃卒，否则会被黑方马8进6将死，走子后才可以吃卒，判"捉"。

黑方炮6平5，伏马8进6，帅五平四，炮5平6，马六退四，马6退5，帅四平五，马5退4得炮，判"捉"。

红方帅五平四，其走棋性质与帅四平五相同，判"捉"。

黑方炮5平6，伏马8退6，帅四平五，马6退4得马，判"捉"。

本例红方长捉无根子，黑方联合捉无根子，按现行的"11版规则"裁决：红方变着，不变作负。

三、棋例通则的特色

"11版规则"不仅在棋例总纲进行了变革,棋例通则也发生了相应的变革,从"07版规则(试行本)"原来的6个条款增加到11个条款。

"11版规则"在棋例通则方面的主要特色,有以下三个方面。

1. 附带产生的捉士象

守和方只有一个进攻子力时,占据守和要点,附带产生的捉士象,按"闲"处理。

"11版规则"在"07版规则(试行本)"的基础上,对此款增加了"守和方只有一个进攻子力时"的前提要件。

局例

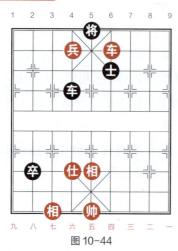

① 帅五平四(捉)
车4平6(将)
② 帅四平五(闲)
车6平4(捉)

图 10-44

如图 10-44，选自第八批国家级裁判员棋例试题。

红方帅五平四，造成红车净吃士，判"捉"。

黑方车 4 平 6，直接攻击红帅，判"将"。

红方帅四平五，动帅应将，判"闲"。

黑方车 6 平 4 捉士，判"捉"。

或许有人问，黑方车 6 平 4 占据守和要点，附带产生的捉士象，不是按"闲"处理吗？

值得强调的是此刻守和方有两个进攻子力，不符合"11 版规则"第 26.2 款"守和方只有一个进攻子力的规定。"

红方一捉一闲属允许着法，黑方一将一捉属禁止着法，按现行的"11 版规则"裁决：黑方变着，不变作负。

2. 己方走子造成被捉状态

"11 版规则"在"11 版规则（试行本）"的基础上，对棋例通则第 26.3 款增加了"无直接参与且是己方走子造成被捉状态，不予考虑；作为根的子，自己离线断根将军（或应将）造成被保护的子失根被捉，责任自负。"的内容。

局例一

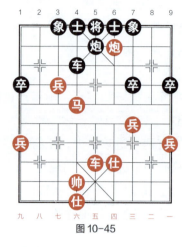

① 车五平六（闲）
炮5平4（捉）
② 车六平五（将）
炮4平5（闲）

图10-45

如图10-45，选自2013年7月广东象棋网《裁判天地》棋友提出的一则待判局面。

红方车五平六，判"闲"。

黑方炮5平4捉马，判"捉"。

红方车六平五，直接攻击黑将，判"将"。

黑方炮4平5，盘面上存在的黑车捉马与炮4平5应将的着法没有关联，是红车自己离线将军，造成被保护的肋马失根，责任自负，判"闲"。

本例红方一闲一将，黑方一捉一闲，双方均属允许着法，按现行的"11版规则"裁决：双方不变作和。

> 局例二

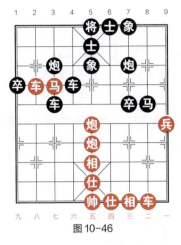

图10-46

① 车八进三（将）
　车4退3（兑）
② 车八退三（捉）
　车4进3（捉）

如图10-46，选自2006年"同煤晋华宫杯"全国象棋大奖赛，首轮周小平与刘军弈战形成的一则待判局面。

红方车八进三，直接攻击黑将，判"将"。

黑方车4退3，同兵种邀兑，红方兑子后，不致立即被将死或立即在子力价值上遭受损失，符合"兑"的术语解释，判"兑"。至于盘面上存在的黑3路车捉马，与车4退3应将的着法没有关联，是红车自己离线将军，造成被保护的七路马失根，责任自负。

红方车八退三，走子后造成其他子七路马能吃中象，判"捉"。

黑方车4进3捉马，判"捉"。

本例红方一将一捉属禁止着法，黑方一兑一捉属允许着法，按现行的"11版规则"裁决：红方变着，不变作负。

3. 过河兵（卒）的捉与闲

（1）主动送兵（卒）将军换取车

主动送兵（卒）将军换取车，按"捉"处理。

"11版规则"在"11版规则（试行本）"的第26.7款"主动送兵（卒）换取车"的基础上，增加了"将军"两个字，其意为"主动送兵（卒）""将军""换取车"为此条款的三个要件。

局例一

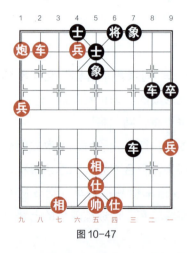

① 炮九进一（将）
将6进1（闲）
② 炮九退一（捉）
将6退1（闲）

图10-47

如图10-47，选自1996年吉林省象棋锦标赛，康庆林与罗新平弈战形成的待判局面。

红方炮九进一，直接攻击黑将，判"将"。

黑方将6进1，动将应将，判"闲"。

红方炮九退一，伏有兵六平五，士4进5（将6退1，兵五平四，将6平5，炮九进一，士4进5，兵四平五，将5平6，车八进一，象5退3，车八平七杀），车八退五，将6退1，车八平三抽吃黑车,红方以弃兵将军为代价,换取了对方一士一车,过河兵(卒)浮动价值低于车,主动送兵将军换取车,判"捉"。

黑方将6退1,判"闲"。

本例红方一将一捉属禁止着法,黑方两闲属允许着法,按现行的"11版规则"裁决:红方变着,不变作负。

局例二

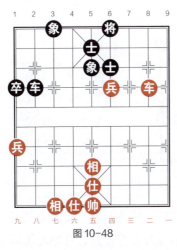

① 车二进三(将)
将6进1(闲)
② 车二退三(捉)
将6退1(闲)

图10-48

如图10-48,选自2010年北京市象棋裁判员培训班考试试题。

红方车二进三,直接攻击黑将,判"将"。

黑方将6进1,动将应将,判"闲"。

红方车二退三,伏兵四进一,士5进6,车二平八,主动送兵将军换取对方一士一车,判"捉"。

黑方将6退1,判"闲"。

本例红方一将一捉属禁止着法,黑方两闲属允许着法,按现行的"11版规则"裁决：红方变着，不变作负。

（2）等值交换后兵（卒）吃子

"11版规则"在第26.8款增加了"其他子完成互吃等值交换过程后，原来不能吃子的兵卒能吃子，按'闲'处理"。

局例

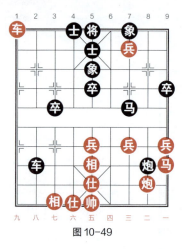

① 炮二平三（闲）
　炮8平7（闲）
② 炮三平二（闲）
　炮7平8（闲）

图10-49

如图10-49，红方炮二平三，伏炮三进四，象5进7，前兵进一，通过完整互吃交换后红方多得一象，红炮与黑马等值交换后，原来不能吃子的兵能吃底象，判"闲"。

黑方炮8平7，判"闲"。

红方炮三平二，判"闲"。

黑方炮7平8，判"闲"。

本例双方都是两闲，均属允许着法，按现行的"11版规则"裁决：双方不变作和。

四、棋例细则的特色

"11版规则"不仅在棋例总纲、棋例通则进行了变革,对棋例细则也做了较大的变革。棋例细则图由《2007象棋竞赛规则》(试行本)的19个增加到29个,且于第八章设棋例参考图50个。单从图的数量上看,就比《2007象棋竞赛规则》(试行本)增多了60个,是国内各个版本规则中图例最多的一个版本。

"11版规则"在棋例细则方面的主要特色,有以下三个方面。

1. 相关子的净吃子

走子之前已存在的捉,走动相关子后造成净吃子,《2007象棋竞赛规则》(试行本)判"闲",而"11版规则"则按"捉"处理。

局例一

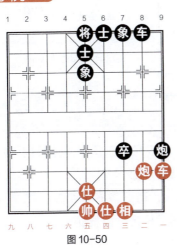

① 炮二平五(捉)
　炮9平8(闲)
② 炮五平二(捉)
　炮8平9(闲)

图10-50

如图 10-50，红方炮二平五，避开黑车的牵制，造成作根子红车要净吃黑炮，依照《2007象棋竞赛规则》(试行本）裁决：捉产生于刚走的这着棋，走棋之前尚不存在，反之，走棋之前已存在的捉，则不算捉，判"闲"。若按现行的"11版规则"裁决：符合得子规定，判"捉"。

黑方炮 9 平 8，判"闲"。

红方炮五平二捉车，判"捉"。

黑方炮 8 平 9 送炮于车口，判"闲"。

本例红方长捉属禁止着法，黑方两闲属允许着法，按现行的"11版规则"裁决：红方变着，不变作负。

局例二

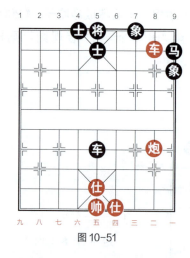

图 10-51

① 炮二进一（捉）
车 5 退 1（闲）
② 炮二退一（捉）
车 5 进 1（闲）

如图 10-51，选自 2012 年 5 月广东象棋网《裁判天地》，棋友研讨棋例中提出的一则待判局面。

红方炮二进一与炮二退一，避开黑车的牵制，均造成做根子红车要净吃黑马，符合得子规定，为长捉。

黑方车5退1与车5进1，为两闲。

本例红方长捉属禁止着法，黑方两闲属允许着法，按现行的"11版规则"裁决：红方变着，不变作负。

> 局例三

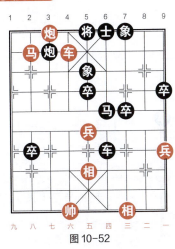

图 10-52

① 炮七平八（捉）
车 6 平 3（闲）
② 炮八平七（捉）
车 3 平 6（闲）

如图 10-52，选自 2010 年第四届全国体育大会象棋比赛，专业男子组首轮谢靖与陶汉明弈战时形成的待判局面。

红方炮七平八，走子前红车吃黑炮要丢七路炮，走子后要净吃黑炮，依照当时执行的《2007象棋竞赛规则》（试行本）裁决：判"闲"；若按现行的"11版规则"裁决：净吃子，符合得子规定，判"捉"。

黑方车 6 平 3，判"闲"。

红方炮八平七捉车，判"捉"。

黑方车 3 平 6，判"闲"。

本例红方长捉属禁止着法，黑方两闲属允许着法，按现行的"11版规则"裁决：红方变着，不变作负。

2. 配合捉子纳入了联合捉子

现行的"11版规则"扩大了联合捉子范畴，把原来的一部分配合捉子纳入了联合捉子范畴。

局例一

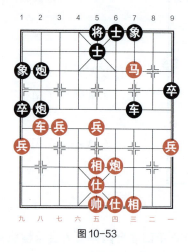

图10-53

① 马三退五（捉）
车7平8（捉）
② 马五进三（捉）
车8平7（捉）

如图10-53，红方马三退五与马五进三步步捉车，为长捉车。

黑方车7平8与车8平7，黑车在配合捉子中起根子作用，这类配合捉子纳入了联合捉子范畴，黑方步步避捉，造成双炮车长联合捉车。

本例红方长捉车，黑方长联合捉车，按现行的"11版规则"裁决：红方变着，不变作负。

局例二

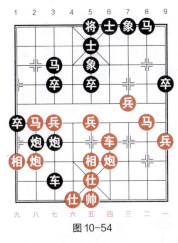

图10-54

① 炮四退一（捉）
车3退1（捉）
② 炮四进一（捉）
车3进1（捉）

如图10-54，选自2010年全国象棋锦标赛，第2轮张兰天与赵剑弈战形成的待判局面。

红方炮四退一捉车，判"捉"。

黑方车3退1，用做根子车捉炮，交换后价值相当，判"捉"。

红方炮四进一捉车，判"捉"。

黑方车3进1，黑车在配合捉子中起根子作用，这类配合捉子纳入了联合捉子范畴，黑车避捉，造成双炮车联合捉车。

本例红方长捉车，黑方一捉无根子一联合捉车，按现行的"11版规则"裁决：红方变着，不变作负。

3. 两车相遇对方不能离线时

两车相遇，对方不能离线时，无论接续再走还是对方走棋均遭杀时，按"11版规则（试行本）"裁决；判"捉"。按现行"11版规则"裁决，捉兼杀，判"杀"。

局例一

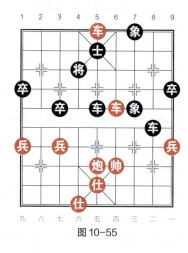

① 车四进一（杀）
车5退1（杀）
② 车四退一（捉）
车5进1（杀）

图10-55

如图10-55，红方车四进一，下一着车四平六将死黑方，判"杀"。

黑方车5退1，两车相遇，对方不能离线时，无论接续再走，还是对方走棋均遭杀时，按照"11版规则（试行本）"裁决：判"捉"。按现行的"11版规则"裁决：捉兼杀，判"杀"。

红方车四退一，伏车四平六，车5平4，车六进一得车，判"捉"。

黑方车5进1，其走棋性质与车5退1相同，判"杀"。

本例红方一杀一捉车,黑方长杀,双方均属禁止着法,按现行的"11版规则"裁决:双方不变作和。

局例二

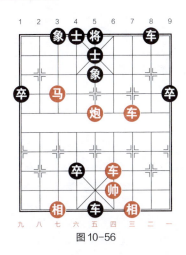

图 10-56

① 车三平二(杀)
车 8 平 7(杀)
② 车二平三(杀)
车 7 平 8(杀)

如图 10-56,选自 2011 年《棋艺》"规则问答"中的一则待判局面。

红方车三平二,两车相遇,对方不能离线时,无论接续再走还是对方走棋均遭杀时,按照"11版规则(试行本)"裁决:判"捉"。按现行的"11版规则"裁决:捉兼杀,判"杀"。

黑方车 8 平 7,下一着车 7 进 8 作双车错杀,判"杀"。

红方车二平三,其走棋性质与车三平二相同,判"杀"。

黑方车 7 平 8,下一着车 8 进 8 作双车错杀,判"杀"。

本例双方都是长杀,均属禁止着法,按现行的"11版规则"裁决:双方不变作和。